天平の
律令官人と
くらし

出川 広
Hiroshi Degawa

天平の律令官人とくらし

でがわ ひろし

はじめに

　私は、数年前に定年退職を迎えました。30有余年、その大半を教育職（県立高等学校）にあり、ほんのわずかな歳月を行政職として勤務しました。行政職といっても博物館の学芸員でしたので、世間一般には研究職と理解されがちですが、学芸員は職種としては行政職に位置づけられていました。そのほんのわずかな行政職の体験が、拙著執筆の動機となっています。

　同じ公務員でも、行政職と教育職とではずいぶん職場の雰囲気に違いがありました。行政職に採用され辞令を交付される際、本庁の課長から採用試験の成績順に渡されました。職場の座席も、職員室中央奥に窓を背にして課長の席があり、その両側に係長の席、その前に一般職員が向かい合って机を並べていました。その机の位置も、給料表の号給の高い順に奥から席を占め、新任である私は、廊下側の入り口に一番近い机が与えられました。出勤簿（現在は使用されていないと思いますが）も号給順に並べて綴じてありました。また、課長級の職員が部長級に昇格した時には、紅白のお饅頭を頂いた記憶もあります。しかし、教育職に転じ高等学校の教諭に任ぜられた際の辞令は、所属長である学校長から単純に年齢順に渡されました。職員室の座席も前任者の席が与えられ、出勤簿も五十音順に綴ってあるだけでした。40年後の現在がそうであるとは限りませんが、当時の行政職の公務員の場合、職員の序列がずいぶん重んじられていました。

　そんな記憶もしばらく忘れ去られていましたが、30歳台後半に職員団体（公務員の労働組合）の役員に選出され、しばしば県庁に赴き行政職の職員と交わるなかで、その記憶が再び思い起こされました。行政職の場

合、職員の職務権限が序列と密接に関わっており、職務執行の範囲も序列によって厳密に定められています。教育職の場合でも、職務権限の範囲は定められていますが、その裁量は比較的広く認められていたのも現実です。そのあたりの事情について、かつて法的および制度的側面から考察したことがありますが（拙著『地方公務員法基礎ノート』『教育職員・労働条件の現状と改善案』）、その時点では歴史的考察にまでは及びませんでした。

　そこで本書では、わが国の公務員制度の原点とも言える、中央集権国家としての奈良時代の律令体制下の支配組織に所属する官人（律令制下の役人の総称）を対象として、任官方法・勤務条件（勤務時間・給与・勤務評定・休暇など）・身分（位階・官職など）さらには日常生活の実態（衣食住）など、当時の官人社会の有り様を個々具体的に理解するなかで、現行の公務員制度を新たな視点から再認識するための素材を見つけ出すことを目的としています。ただし、奈良時代に公務員という概念はそもそも存在しませんので、官人＝公務員と直線的に認識することは不可能です。しかし、多角的視点から歴史的アプローチを試みることで、例えば中央官人層（キャリア）と地方官人層（ノンキャリア）との相克といった、ある意味で現在に脈々と連なる「日本的」な統治制度としての律令官人制を、日本社会固有の一種の文化と捉えることは可能ではないでしょうか。当時の官人社会の制度とその実情を理解するのみならず、新たな視点から日本の律令官人制度を再度見つめ直す一助となれば幸いです。

　執筆にあたり一般読者が読みやすいことに心がけ、やさしい表現に徹し、詳しい注記は省略しましたが、引用文献・図表などの出典は本文中に明記しておきました。ただ、研究機関などに身を置かない著者ゆえ、参考史資料の閲覧に制約もあり、なによりも浅学非才のわが身、至らぬ説明・独り善がりな解釈など学問上不備な個所が多々あるかとは思いますが、そのあたりご寛容にご理解ください。

最後に、日々の研究・執筆の環境を整えてくださった母（君子）に感謝すると共に、本書の刊行にあたり、わずらわしい仕事を快く引き受けてくださった桜山社の江草三四朗氏はじめスタッフのみなさんには、ここにお礼申し上げます。

　2018 年 9 月 2 日

　　　　　　　　　　　　　　　　　　　　でがわ　ひろし

目　　次

はじめに

凡例

第1章　働く場所としての平城京　●11

　　1　平城京遷都の動機　●12

　　2　政治都市平城京の構造　●13

　　3　平城京の都市景観　●14

　　4　平城宮の内部構造と官衙（役所）　●17

　　　　内裏／大極殿・朝堂院／官衙

　　5　律令官人の居住地としての平城京　●23

　　6　律令官人と平城京の東市と西市　●28

第2章　奈良時代の政治体制と法　●33

　　1　律令国家の形成　●34

　　2　天武・持統天皇と律令官僚制　●35

　　3　大宝律令の制定　●38

　　4　大宝律令の内容と養老律令　●40

　　　　律の構成と内容／令の構成と内容／養老律令編纂の経緯

　　5　律令官人と天皇　●46

第3章　律令官人制と行政組織　●49

　　1　行政組織としての官司機構　●50

　　　　2官8省1台5衛府／四等官

　　2　官司間の統属関係および序列　●57

　　3　官司機構における太政官の位置　●60

　　　　議定官／少納言局／弁官局

　　4　行政組織としての軍事制度　●63

軍団制／令制の衛府制度／令制以外の軍事組織

第4章　律令官人の種類と採用制度　●73

　1　律令官人の種類　●74

　2　律令官人の任用方法　●75

　　　省試―貢挙による任用／舎人からの任用／蔭位制による任用／

　　　勅旨による特別任用

　3　献物・献金による叙位・任官　●82

　　　献物叙位／蓄銭叙位令

第5章　律令官人の勤務条件とその実態　●85

　1　律令官人と勤務時間　●86

　2　律令官人と休日・休暇制度　●90

　3　律令官人のさまざまな休暇理由　●93

　4　律令官人の身分表示としての制服　●99

　5　律令官人の給与体系　●104

　　　基本給的給与／身分的給与／職務給的給与／特殊勤務手当的給与

　6　律令官人と深刻な格差社会　●112

　7　下級官人としての写経生の勤務実態　●116

第6章　律令官人の昇進システム　●121

　1　律令官人と人事管理　●122

　2　律令官人と勤務評定　●124

　　　勤務評定の前提条件／勤務成績の評定者／評定基準の実際／

　　　勤務評定の手続き

　3　位階の昇進とその限界　●134

4　キャリア官僚としての上級（貴族）官人の優位性　●137

　　5　勤務評定から漏れた官人の救済措置　●139

　　6　受益者負担の勤務評定　●141

第7章　地方社会と律令官人　●145

　　1　地方支配の拠点としての国府と国司　●146

　　　　国府とその機能／国司の地方支配

　　2　律令制と郡司の在地支配　●153

　　　　律令官人としての郡司／郡司と在地支配の位置づけ／

　　　　郡司の在地支配の実態

　　3　多賀城と大宰府　●160

　　　　多賀城／大宰府

第8章　律令官人の教養と実務能力　●167

　　1　漢字文化の時代　●168

　　2　律令官人と漢字文化の受容　●169

　　　　律令官人と漢籍／律令官人と令文および文書類など

　　3　下級官人にとっての漢字・漢文の習得とは　●178

第9章　律令官人の生活環境とその実態　●183

　　1　律令官人の住宅事情　●184

　　　　律令官人への宅地支給／班給された宅地は私有地か／

　　　　上級（貴族）官人の邸宅／中下級官人の住宅

　　2　律令官人の日常の服装　●196

　　　　下級官人の服装／写経所で経師などに支給された衣服／

　　　　普段着と特殊な場合の衣服／下級官人と履物

3　律令官人と食生活　●202

　　食生活の変化と社会階層／食料品の種類と保存食品の発達／

　　乳製品と唐菓子の登場／律令官人の食生活の実態

付章　律令官人と三面記事　●215

　　対馬からの黄金の献上は詐欺／3度連続して双子が生まれる／

　　皇后宮の宴会で福引が行われた／長屋王の変に起因する殺人事

　　件／盧舎那大仏開眼供養に僧侶1万人が参加／葦原王、殺人罪

　　により遠流／渡来系上級（貴族）官人のエース百済王敬福／

　　尾張・美濃国境の鵜沼川の水防工事／菅生王、レイプ事件で官

　　界追放……？／火事から遣唐使船を救った梶師の異例な出世

主要参考・引用文献　●226

事項索引　●230

凡例

　本書では、史料を以下のように略記した。

　　『続日本紀』の条文の場合

　　　例：『続日本紀』天平八年五月乙亥条　⇨　『続紀』天平八年五月二十日条

　　『大日本古文書』編年文書の場合

　　　例：『大日本古文書』三巻四五六頁　⇨　『大日古』３－４５６

　　『律令』の条文は、原則として養老律令（『律令』日本思想大系３）を使用した。

　　　例：養老考課令１内外官条　⇨　考課令１内外官条

　木簡の釈文に使用した符号は下記の通りである。

　　「　」　木簡の上端ならびに下端が原型をとどめていることを示す。

　　□□□　欠損文字のうち字数が確認できるもの。

　〔　　〕欠損文字のうち字数が確認できないもの。

　　　×　　前後に文字のつづくことが推定されるが、欠損などにより

　　　　　　文字が失われているもの。

　『　』　異筆・追筆。

　その他の文献などを引用した場合は、所収書籍・報告書名と編著者名および刊行年を本文中に記載した。

　木簡・大日本古文書などの読み下し文は、古訓にこだわらず、原則として学界の慣用的な読み方に従った。

第1章　働く場所としての平城京

1 平城京遷都の動機

　平城京は、恭仁京や難波京に遷都した5年間を除き、710年（和銅三）から784年（延暦三）までの70年間、律令政府の所在地として繁栄しました。聖武天皇の時代には、「青丹よし寧楽の都」と詠われた、世に天平と呼ばれる華麗な文化の中心地であると同時に、本書の主題である天平の公務員（律令官人）の活躍の場であり居住地でもありました。

　古代の日本は、中国唐王朝をモデルとした律令国家の建設を目指し、天武天皇の時代にはほぼその骨格は完成していたと思われます。その最たる例が、我が国最初の都城としての藤原京でした。その都市計画は『周礼』考工記に書かれた空想の都を地上に再現したものであり、その場所も飛鳥の地からさほどの距離もなく、京に官人が集住するという状況にはなり得なかったと思われます。

　平城京遷都の理由は、さまざまに推測されています。とりわけ白村江の戦い（663）以来の中国との国交断絶の状態から一転、702年（大宝二）に派遣された遣唐使（帰国707）のもたらした最新の情報に刺激され、新たな枠組みとしての律令制度構築の一環として、造営から16年にも満たない藤原京からの遷都、とりわけ唐の長安城をモデルとする平城京が造営されたと考えられています（井上和人『日本古代都城制の研究』吉川弘文館2008年）。また、国内的には奈良盆地南部から離れることにより伝統的な有力中央氏族の影響力を弱め、新たな官僚制の確立を意図していたのであり、その立地は奈良山丘陵背後を流れる木津川の交通・運輸の便や地形を考慮したものと思われます。

　『続日本紀』によれば、遷都の議は文武天皇の707年（景雲四）に起こり、翌708年（和銅元）には、「方今平城の地、四禽図に叶い、三川鎮を

作し、亀筮並びに従う、宜しく都邑を建つべし」とある平城遷都の詔が発せられ（和銅元年二月十五日条）、造宮卿・造京司が任命され、詔からわずか2年で遷都されています。

2　政治都市平城京の構造

　戦後50年以上にわたる発掘調査によって新たな平城京像が提示されつつあります。唐長安城との構造上の類似・羅城らしき築地塀遺構の発見・平城宮朱雀門の北（中央区）および壬生門の北で内裏の南（東区）の殿舎群（大極殿・朝堂院）が同時期に並存していたことが明らかにされたことなどは、そのよい例でしょう。

　平城京は奈良盆地の北端に位置し、南北約4.8キロメートル、東西は外京を含めて約5.9キロメートルの領域を占め、三方を丘陵に囲まれ南に開け、北からは佐保川・秋篠川が南に向かって流れ込んでいます。さらに平城宮中心部分が奈良山丘陵の先端に位置しているので、「天子南面」という中国思想にも適応しています。

　平城京の都市計画は、下ツ道を中心線として、東西南北に碁盤目状に街路が張り巡らされています。街路には、大路・条間路・坊間路・小路など複数の規格があります。最大の道は、平城宮の正門朱雀門から平城京の正門羅城門に至る朱雀大路で、幅74.5メートルです。これに次ぐのが平城宮南面を通る二条大路で、幅37.2メートルで設計されていました。その他の大路は、24.8メートルから14.2メートルまで、四段階の規格があったことが確認されています。

　東西および南北の大路によって区画された方形区域を「坊」と呼んでいます。坊が東西方向に並んだ帯状の単位を「条」と呼びます。坊は条間路・坊間路および小路によって16分割され、その一区画を「坪」と呼び、

広さを表すときには「町」と呼んでいます。小路の多くは幅7.1メートルまたは5.9メートルで、坊の中央の小路（条間路・坊間路）は少し幅広の8.9メートルが一般的となっています。坊は約532メートル四方、坪は約132メートル四方の面積になりますが、平城京の設計は条坊計画線に基づいてなされている（側溝心心割り）ため、道路幅がそこに含まれるので、面する道路によってそれぞれの坊および坪の面積は変化します。このように東西および南北の街路によってグリッド状に土地を区画することにより、都城の支配空間を構成する方法を「条坊制」と呼んでいます。この条坊で構成された平城京の中に、宮城・寺院・官衙（役所）・市・貴族の邸宅・官人（役人）や庶民の住居などが配置されていました。また、それぞれの坪（区画）の位置を表すために、坊内で最も平城宮に近い坪から南北方向にジグザグに番号が振られます。たとえば「左京三条二坊六坪」といえば、左京の三条大路と二坊大路の内側ということで、図2のようになります。ただし、このような坪の位置の呼び方は、奈良時代には実例がなく、平安時代以降の呼び方と思われます。

　なおご承知のように、平城京には二か所の張り出しがありますが、外京と呼ばれる左京二条から五条までの東に張り出す五坊から七坊までの部分は遷都当初から存在し、北辺坊と呼ばれる右京北辺の三坊は760年代以降に付加されたようです（井上和人『前掲書』2008年）。

3　平城京の都市景観

　平城京の大路は、東西の大路が10本、南北の大路が9本で構成されています。南北大路9本の中央大路が朱雀大路で、これを中心として、東の街全体を左京、西の街全体を右京と呼んでいます（図1参照）。京内の街路の両側には側溝が設けられ、その外側に控えの空間があり、さら

図1　平城京図

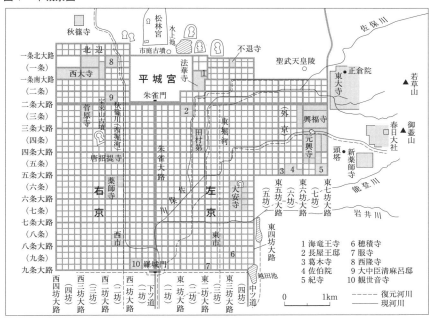

舘野和己『古代都市平城京の世界』山川出版社 2001年より

図2　平城京の坪割

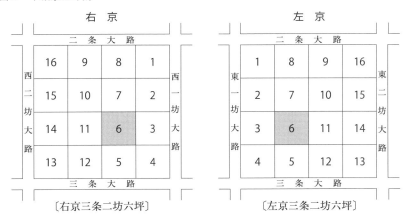

舘野和己『古代都市平城京の世界』山川出版社 2001年より

第1章　働く場所としての平城京　15

にその外側に宅地の塀が建てられています。それらの側溝は、街路やこれに接する宅地などの雨落溝のみならず、京内に流れ込む佐保川などの河川や運河とリンクし、京全体の排水機能を担っていたと思われます（近江俊秀「東一坊坊間路と三条大路の交差点の形状について」『奈良県文化財調査報告書』126　2008年）。

　朱雀大路の両側には、高さ6メートルほどの瓦葺きの屋根を掛けた築地塀が築かれていたようです。大路によって囲まれた街区としての各坊も築地塀で囲まれ、各坊の一辺に一か所の坊門が設けられていました。また、三位以上の貴族を除いて大路に面して邸宅の門を構えることは禁じられていました（『続紀』天平三年〈731〉九月二日条）。さらに、東西方向の小路からは朱雀大路に入ることができなかったようです（舘野和己「古代都市の実像」『日本の時代史4　律令国家と天平文化』吉川弘文館2002年）。舗装されていない大路の両側には長々と築地塀が築かれる殺風景な様相が目に浮かびますが、街路樹として、『万葉集』の歌からは柳が、二条大路出土木簡の分析からは、唐の長安城に倣って各条坊に槐が植えられていた可能性が指摘されています（東野治之「二条大路木簡の槐の花」『長岡京古文化論叢Ⅱ』1992年）。

　北端を平城宮の正門である朱雀門とする平城京のメインストリート朱雀大路の南端には、平城京の玄関としての羅城門が存在しました。その規模は、東西33メートル、南北18メートルの基壇の上に、東西方向の柱間は7間、中央5間が17尺等間、両端の間は15尺、合計115尺に復元できることが判明しましたが、朱雀門を上回る京内最大の門と思われます。また、九条大路南側に築地塀の遺構が存在することが確認され、羅城（城壁）の存在がにわかにクローズアップされています（井上和人『前掲書』2008年）。ただ、羅城は外敵から都城を守るために周囲を城壁で取り囲むもので、当時の日本の国際情勢においては、極めて形式的に羅城

門の東西に造られたものであり、平城京の周囲を取り巻くほどの羅城は存在しなかったと思われます。とは言え、羅城門から朱雀門のおよそ3.7キロメートルを一直線に北上する幅74メートル余（両側の塀から塀までならば約90メートル）を有する朱雀大路の隔絶した大空間は、外国使節などに対する小帝国＝日本としての対面を保つと同時に、儀礼的空間としての存在意義も大きなものがあります。さらに、最近の左京南辺部分の発掘調査の結果、「十条」条坊が存在したが、奈良時代中頃には埋め戻されていたことが明らかになっています（大和郡山教育委員会・元興寺文化財研究所『平城京十条発掘調査報告書2014年』）。

　平城京の市街地には、藤原京から移された大寺院をはじめ、貴族・官人・庶民などの住居が立ち並び、東西南北に碁盤の目のように走る広い道路、その両側に側溝と築地塀とがつらなる特異な空間が形成されていました。平城京内には、東大寺の他に、興福寺・元興寺・紀寺き じ・大安寺・薬師寺・唐招提寺・西大寺・法華寺・西隆寺の9つの大寺院が建立されましたが、これらの大寺院は六条以北に設けられています。

4　平城宮の内部構造と官衙（役所）

　平城宮は、平城京の北部中央部、奈良山丘陵を背景に位置し、1キロメートル四方の東側に東西250メートル、南北750メートルの張り出し部分（東院）が付属する形状で、面積は約124ヘクタールを占めています。東の張り出し部分は造営当初より存在したようで、他の都城には見られない独特な形状をしていました。

　平城宮の周囲には、基底幅2.7メートル、高さ5メートルと想定される築地塀とその外濠によって囲まれ、大路に面したところに門が設置されていました。宮城門は通常、各面3門、合計12門あるのが普通です

が、平城宮の場合は、東の張り出し部分があるため、南面に5門が設置される、変則的な配置であったと考えられています。現在発掘調査によって存在が判明しているのは、南面の壬生門・朱雀門・若犬飼門、西面の玉手門・佐伯門、張り出し部分の南面の建部門・小子門（的門）の合計7門です。朱雀門以外の門の名称は、門の警備を担当した氏族の名（負名氏）がつけられたと考えられています。

　平城宮の正門である朱雀門は正面5間（25メートル）・側面2間（10メートル）の規模の重層・入母屋造りで、東隣の壬生門も同規模建築で、他の門はひと回り小さい単層・切妻造りと推定されています。朱雀門は1998年、現地に復元されています。朱雀門の内側には大きな広場があり、その奥に築地塀に囲まれた朝堂院があり、さらに奥に進むと天皇の出御の場である大極殿が位置します。朱雀門の調査では、大宝令の規定に従った過所木簡（通行手形）が門下層の下ツ道側溝から出土し、朱雀門の建設の上限年代が大宝元年（701）であることが判明しました（奈良国立文化財研究所『平城宮発掘調査報告XI』1982年）。

　各宮城門の出入りには門籍という名簿への登録が必要でした。門籍を交付してもらうには、出入りの許可を必要とする者がその所属する部署から官位姓名を中務省に報告し許可を取り、中務省から衛門府に交付されました（宮衛令1宮閽門条）。

　平城宮の基本構造は、①内裏、②大極殿および朝堂院、③官衙から成り立っています。現在で言えば、皇居・永田町および霞が関地区一帯を指すと理解していただければよいでしょう。

①　内裏　天皇が日常生活を営む私的空間のことです。壬生門の北側に位置し、一辺約180メートルの正方形の内郭と、官衙を含む外郭とで構成されています。内郭部分は天皇が普段生活しているところです。築地回廊で周囲は囲まれ、建物はすべて日本古来の建築方法である掘立柱・

図3 平城宮図

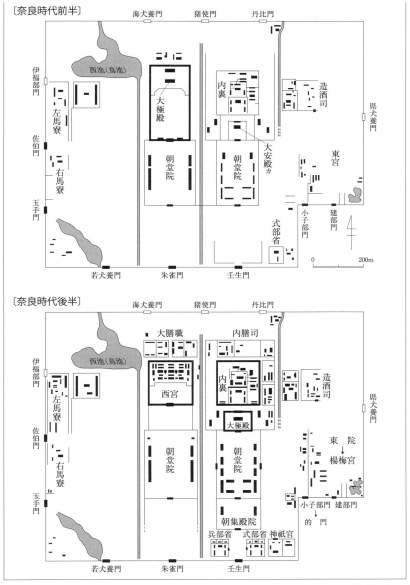

舘野和己『前掲書』2001年より

檜皮葺の屋根という様式でした。内郭の南半分は正殿（後の紫宸殿）で、正面 9 間（27 メートル）・側面 5 間（15 メートル）規模の建物です。

　発掘調査の結果、現在では内裏は奈良時代を通して壬生門北側に所在していたことが明らかになっています。なお、皇后の居住空間としての「後宮（こうきゅう）」が整備されたのは、8 世紀後半の光仁天皇の時代以降のことです。

②　大極殿・朝堂院　天皇の即位式や元旦朝賀、外国使節の謁見などの儀式を行う場所が大極殿で、朝庭と官人が執務を取る朝堂の区域が朝堂院です。一般的には大極殿および朝集殿院（官人が朝堂に参入する前に服装を整えたりする場所）を含めて朝堂院と理解されています。

　平城宮の特徴として、これに相当する区域が朱雀門の北（中央区）と壬生門の北（東区）の二か所存在することです。かつては奈良時代前半には朱雀門北にあった大極殿・朝堂院が、奈良時代後半には東の壬生門北に移転したと考え、朱雀門の北を第一次地区、壬生門の北を第二次地区と呼んでいました。近年の発掘調査の進展により、二つの区域が同時期に並存していたことが明らかとなり、現在は中央区ならびに東区と呼んでいます。

　中央区と東区は根本的に構造設計が異なっていました。中央区は、正面 9 間（44 メートル）・側面 4 間（19.5 メートル）の礎石建物の大極殿と、東西各 2 堂ずつの南北棟礎石建物の計 4 堂の朝堂院から構成されていました。大極殿は 741 年（天平十三）に恭仁京に移築され、北半分は多くの建物が立ち並ぶ空間となりました。東区は、正面 7 間（31 メートル）・側面 4 間（18 メートル）の掘立柱建物（大安殿か）を中心として、東西各 4 堂ずつの南北棟掘立柱建物と、各 2 棟ずつの東西棟掘立柱建物の計 12 棟からなる朝堂院で構成されていましたが、745 年（天平十七）の平城還都後に、掘立柱建物から礎石建物に建て替えられています。中央区の大極殿は、日本最初の中国風の礎石建物としての藤原宮大極殿を移築したもの

で（小澤毅『日本古代宮都構造の研究』青木書店2003年）、前述のように恭仁京遷
都時にも移築されています。東区の大極殿は、745年（天平十七）の平城
還都以後に建てられたようです。

　平城遷都にあたって、大極殿はより中国風の建物に再構成し、正殿お
よび12堂から構成される朝堂院は掘立柱建物という日本古来の伝統的
形式で建てられました。すなわち、日常政務空間を中国風の儀式空間と
区別しました。言い換えれば、国家的儀式などは中央区の礎石建物で行
い、日常的な政務などは東区の掘立柱建物で行われたのでしょう。礎石
建物の場合は、土間に椅子・机を使用する執務が基本となり、掘立柱建
物の場合は、床張りの床の上に円座などを用いる座位の執務が行われた
と思われます。

　平城還都後は、平城宮の中枢機能は東区の大極殿および朝堂院に集約
され、儀式空間のみならず日常執務空間も、中国風の礎石建物に統合さ
れました。

③　官衙　平城宮には、内裏・大極殿および朝堂院を除く地域には、律
令政府を支える二官八省一台五衛府と呼ばれる官衙（役所）が配置され
ていました。しかし、どこにどの官衙が配置されていたかについての記
録は全く残っていません。それ故、遺構の発掘調査を主体に、「平安宮
大内裏図」や出土文字資料（木簡など）を手掛かりに、個々の官衙がどの
ような規模をもち、どのような建物で構成され、どのように配置されて
いたか、それが年代によりどのように変遷したかの解明に努力が注がれ
ています。官衙の変遷で特徴的なことは、ⅰ平城宮の官衙配置が奈良時
代前半と後半とで大きく変化している可能性があること、ⅱ奈良時代後
半になって成立した官衙配置が平安宮にうけつがれているらしいこと、
ⅲどの官衙も頻繁に建て替えられていること、などです。これまでの調
査で解明されたのは、奈良時代前半と後半の式部省、奈良時代後半の神

祇官・宮内省・兵部省・造酒司・大膳職・左右馬寮などの各官衙の位置にすぎません。現在判明している官衙について、少し説明したいと思います。

　平城宮南東部には、平城遷都直後から官衙区画が存在しており、その区画内の井戸から出土した木簡から、奈良時代前半の式部省であることが判明しました。奈良時代後半になると、その区域の建物は、掘立柱塀から築地塀に建て替えられ、内部も礎石建物を中心とする格調高い官衙となりました。北門を正門とする特異な建築構造や井戸から出土した木簡などから、宮中祭祀や神社行政を担当する神祇官であることが明らかになりました（渡辺晃宏「出土文字資料からみた平城京の役所と暮らし」奈良文化財研究所編『日中韓古代都城文化の潮流』クバプロ 2013 年）。

　さらに、奈良時代後半には、神祇官の西に位置する壬生門内東側の官衙と、壬生門から朝集殿院に向かう通路をはさんで向かい合う壬生門内西側の官衙が設けられました。どちらの官衙もすべて礎石建物で、一辺74.5 メートルの空間に、正殿と東西各 2 棟の脇殿とからなる南 3 分の 2 を占める儀式空間と、3 棟の建物からなる北 3 分の 1 の実務空間から構成され、平城宮内の官衙としては他に例をみないほどの格式の高いものでした。いずれも南に開いた官衙配置ですが、正門を壬生門から朝集殿院に向かう道路に向って開く変則的な構成で、東区中枢部の全体構成を踏まえた構造といえるでしょう。周辺の溝から式部省や兵部省に関係する墨書土器が出土していること、平安宮の朝堂院の南面には式部省と兵部省が東西対称の位置に配置されていること、平安宮の兵部省について知られる片廂構造の築地塀がこれらの官衙にもみられることから、この二つの官衙のうち東側が式部省、西側が兵部省であることが判明しました。そのことより、奈良時代前半の式部省は、奈良時代後半にはすぐ西に接する場所に移転し、その跡地に神祇官が移転してきたことが推定で

きます (渡辺彰宏「兵部省の武官人事権の確立と選考制度」『文化財叢書Ⅱ』奈良文化財研究所編同朋舎出版 1995 年)。

　そのほか、造酒司・大膳職や内膳司などの現業部門を担当する官衙では、その職掌に応じて井戸や倉、広場空間などの実用的な配置が認められ、馬の管理を担当する左右馬寮の推定地では、馬を繋いだと思われる「馬房」の建物が見つかっています。平城宮内に営まれた官衙の建物配置は、基本的に東西棟の正殿の南に庭 (広場) を囲んで東西に南北棟の脇殿が配される形式ですが、個々建物の構造・配置・規模などはさまざまで、官衙による個性が豊かに表現されています。また、社会情勢の変化に伴う政治改革や組織替えなどの理由からか、どの官衙も頻繁に建て替えが行われています。平城宮跡からは、大量の瓦が出土しています。

　官衙は、基本的には平城宮内に設置されますが、平城京内の行政を司る京職、市の管理・経営を司る市司や大学寮などは、平城宮の外に置かれていました。

5　律令官人の居住地としての平城京

　律令国家を維持・運営するためには、それを支える官人の政治都市平城京への集住が不可欠でした。平城京遷都に伴い、坊・条で構成された新しい市街地に住むことを半ば強いられることになった官人は、平城京の居住者としてどのように位置づけられていたのでしょうか。

　新しく建設された平城京の市街地を、都市計画に基づいて、それぞれの官人に位階に応じて土地が支給 (貸与) されましたが、これを宅地班給と呼んでいます。それでは、奈良時代の官人はどのような基準で、どこに、どれだけの広さの土地が班給されたのでしょうか。残念ながら、平城京の宅地班給の記録は残っていません。ただ、藤原京と難波京につ

第 1 章　働く場所としての平城京　　23

いての宅地班給の史料が存在しますので、それらを参考に類推されています。

　藤原京の場合は、右大臣四町、直広弐（大宝令の官位では四位）以上は二町、大参（同五位）以下は一町、勤（六位）以下無位に至るまでの人はその戸口（一世帯あたりの男性の数）によって、上戸（8人以上）には一町、中戸（4人以上）には半町、下戸（2人以上）には四分の一町が班給され（『日本書紀』持統天皇五年十二月八日の詔）、難波京の場合は、三位以上には一町、五位以上には半町以下、六位以下には四分の一町以下とされています（『続紀』天平六年九月十三日条）。藤原京における六位以下の班給対象が戸口であることや難波京の班給面積の縮減などの違いはありますが、平城京の班給基準は、基本的には藤原京の基準が踏襲されていると思われます。すなわち、三位以上には四町・四位には二町・五位には一町とされ、以下二分の一町・四分の一町と漸減していったと思われます（図4参照）。現在のところ、文献史料では六十四分の一町（田部國守占部忍男月借銭解［『大日古』6-425］など）、発掘調査の結果では三十二分の一町までの宅地が確認されています（後述）。ちなみに、一町の広さとは132.5メートル×132.5メートルで、17556平方メートル（5320坪）となります。最も小さな六十四分の一町の宅地でも274平方メートル（83坪）の広さです。ただし、宅地を囲む道路の面積が含まれますので、実際の面積はもう少し狭くなります。

　ただ、藤原京の宅地班給は、京内の土地を新たに班給したのではなく、すでに存在した宅地の所有を追認したものであり、班給基準はそれぞれの階層・家族の居住実態を反映しているとの指摘もなされています（仁藤敦史『古代王権と都城』吉川弘文館1998年）。

　平城京では、宅地の場所と居住者との関係が明らかになっている官人が130名ほどいます（近江俊秀『平城京の住宅事情』吉川弘文館2015年）。平城

図4 位階と宅地

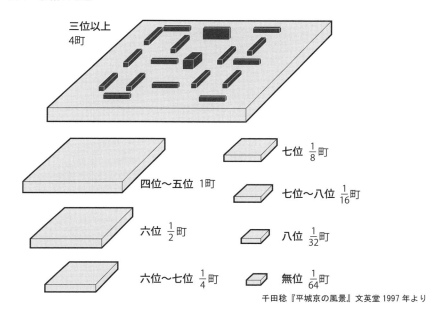

千田稔『平城京の風景』文英堂 1997年より

図5 位階別居住者分布図

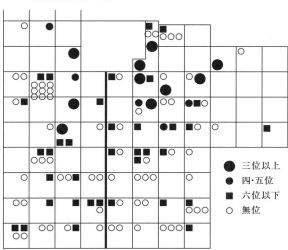

近江俊秀『平城京の住宅事情』吉川弘文館 2015年より

第1章 働く場所としての平城京　25

京で最大規模の宅地を有するのは、左京四条二坊に所在する推定8町を占める、藤原仲麻呂の田村第です。ただし、発掘調査の結果、田村第は仲麻呂の政治勢力拡大と共に増大したと思われます。遷都当初より存在した四町規模の宅地としては、藤原不比等邸（左京一条二坊十二・十三坪および左京二条二坊九・十六坪）、長屋王邸（左京三条二坊一・二・七・八坪）、新田部親王邸（右京五条二坊九・十・十五・十六坪）、居住者不明（左京二条四坊一・二・七・八坪）が判明しています。これに次ぐ2町規模の宅地は、8例ほど確認されていますが、居住者が推定されるのは、長屋王の作宝宅であった可能性が高い左京一条三坊十五・十六坪の一例のみです。一町規模の宅地は、25例と比較的多く確認されています。

　表1および図5・6からは、貴族官人の宅地すなわち一町規模の宅地の多くは、五条以北に位置し、特に左京三条二坊・四坊、五条一坊に集中していることが読み取れます。二町以上の宅地は、新田部親王邸を除いて、すべて左京に存在しています。

　一町未満すなわち六位以下の官人の宅地は、図4に示したように、二分の一町から六十四分の一町まで、文献資料および発掘調査の結果から導き出されたように、広さにはかなりの幅があります。これらの一町以下の宅地は、平城宮から離れた七条以南で発掘されることが一般的です。ただ、二分の一町以下の宅地が、大規模宅地に隣接して存在している場合が認められます。貴族官人が居を構えたと思われる五条以北に居住した六位以下の官人も、左京で17名、右京で16名が確認されています（近江俊秀『前掲書』2015年）。貴族官人が五条以北の平城宮近くに居を構える傾向は基本的には認められますが、それが絶対という訳でもなさそうです。

　平城遷都の時期は、氏族社会から律令制社会へ移行する過渡期でもあり、宅地班給の場合においても、氏族間のつながりや血縁関係などが少

表1　平城京大規模敷地

八町占地	左京四条二坊九・十・十一・十二・十三・十四・十五・十六坪（田村第推定地）
四町占地	左京三条二坊一・二・七・八坪（長屋王邸）、左京一条二坊十二・十三坪と左京二条二坊九・十六坪（藤原不比等邸）、左京二条四坊一・二・七・八坪、
	右京五条二坊九・十・十五・十六坪（新田部親王邸）
二町占地	左京一条三坊十五・十六坪（佐保楼）、左京三条二坊二・六坪（宮跡庭園）、左京三条二坊九・十坪、左京一条三坊十三・十四坪、左京三条一坊十一・十四坪、左京三条一坊十三・十四坪、左京三条一坊十五・十六坪、左京五条一坊十三・十四坪
一町占地	左京二条二坊十一坪、二条二坊十二坪、三条二坊三坪、左京三条二坊四坪、三条二坊九坪、三条二坊十五坪、三条二坊十六坪、三条四坊四坪、三条四坊七坪、三条四坊十二坪、四条二坊一坪、四条四坊十五坪、四条四坊十六坪、五条一坊一坪、五条一坊十六坪、五条二坊十四坪、五条二坊十六坪、七条一坊十六坪、八条一坊三坪、九条三坊三坪
	右京三条三坊一坪、三条二坊十五坪、三条三坊二坪、三条三坊三坪、三条三坊八坪

巽淳一郎「貴族と庶民の暮らし」田辺征夫・佐藤信編『平城京の時代』吉川弘文館2010年より

図6　大規模宅地の分布

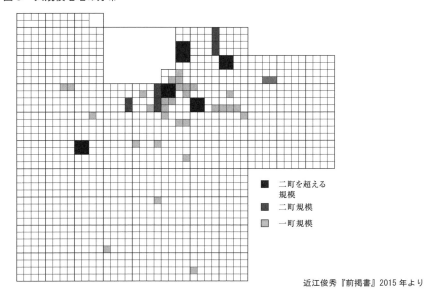

近江俊秀『前掲書』2015年より

第1章　働く場所としての平城京　27

なからず配慮されていたと思われます。それゆえ、氏族の有力者の大規模邸宅の周辺に、氏族の構成員や社会的・経済的に何らかの関係のある人たちの宅地が班給されたのでしょう。

　また、長屋王邸の発掘調査の結果などから、平城京では遷都時に複数の坪を一体的に利用する場合は、坪と坪とを分ける坊間路が造られていないことが判明しました。遷都計画の段階から、平城京のどの場所に大規模な宅地や官衙などを置くかということが決定されていたようです。律令制官僚機構を円滑に機能させるために、平城宮の近くに太政官の有力な構成員に公邸として広大な宅地の使用を認め、それとは別に私邸をも与えていたとし、長屋王の左京三条二坊一・二・七・八坪の邸宅と作宝宅がその例であると指摘されています（近江俊秀『前掲書』2015年）。

　官人の位階に応じて班給された宅地は、位階に応じて支給される位田や職掌に応じて支給される職田のように、基本的には貸与されたものです。しかし、平城京の宅地の多くは官人によって相続され、さらには自由に売買することができ、現実的には個人財産として扱われていたようです（山下信一郎「宅地の班給と売買」『古代都市の構造と展開』奈良国立文化財研究所 1998年）。

6　律令官人と平城京の東市と西市

　当時、地方から中央政府に納める税は、畿内の一部での調を銭による納税（『続紀』養老六年〈722〉九月二十二日条）を除いて、現物（生産物）で納められていました。中央の各官司が必要とする物資をすべて入手することは不可能なことから、その補完のために流通機構としての東西市を設置したのです。政府は、東西市で貢納物を売ることにより一旦銭に換え、その銭で必要とする物資を購入しました。このような事情は、官人社会でも同様でした。彼らは布や綿などの現物を給与（位禄・季禄など）とし

て支給されていましたし、上級（貴族）官人らの食封の場合も、収入となるのは租稲や調庸物としての生産物でしたので、それらの生産物を市で売り、必要な物資を入手する必然性がありました。

　当時の平城京は、人口 10 万人前後を有する一大消費地でもあり、東西市はこの大消費都市の流通の核としての機能も共有し、おおいに繁栄したと思われます。また、流通経済の進展に応じて、東西市は畿内の津や駅などの流通の拠点と有機的に結合して、中央交易圏を形成しました（栄原永遠男「奈良時代の流通経済」『奈良時代流通経済史の研究』塙書房 1992 年）。

　こうした事情により設置された東市は左京八条三坊、西市は右京八条二坊と南に偏って位置し、共に五・六・十一・十二坪の 4 町の規模であったと考えられ、各市の 4 坪は一体となって使われていたのではなく、各坪周辺は築地で囲まれていたようです。さらに、東市は内外に 2 本の堀河が、西市にもその東側を秋篠川が流れており、水運による物資輸送を容易にしていたと思われます。両市は、それぞれ左右京職の下にある東西市司が管轄していました。市司は、正 1 人・佑 1 人・令史 1 人・価長（価格の検査）5 人・物部（罪人の決罰）20 人・使部 10 人・直丁 1 人から構成され、財貨の交易・器物の真偽・度量の軽重・売買の估価（値段）・非違（不法行為）の取締りなどをその職務として、市の管理経営をおこなっていました（職員令 67 東市司条）。また、712 年には、東西市に史生（書記）各 2 名が配置（『続紀』和銅五年十二月十五日条）されていますので、市の機能は遷都まもない時期から本格始動していたのでしょう。東西市の運営に関する規定は、関市令におおよそ以下のようにまとめられています。

。市は、太鼓の音を合図に、正午から日没まで開かれる（11 市恒条）。

。肆（店）ごとに標（看板）を立てる。市司は、商品の価格を品質により 3 段階に設定し、10 日ごとにそれを帳簿に記載し、季節ごとに京職に報告する（12 毎肆立標条）。

・官私間の交易には、上中下三等の估価（相場の価格）のうち、中估価を基準とする（13 官私交関条）。

・公正な取引の基礎となる度量衡（竿秤・物差・枡など）については、官私ともに毎年二月に大蔵省で検査を受ける（14 官私権衡条）。

・横刀・槍・鞍・漆器などの物品には、製造者名を記す（17 出売条）。

・欠陥品や偽物を売ってはならない。それらの物品は、政府が没収する。また、規格に満たない物品は、売り主に返却する（19 行濫条）。

・官の物品購入以外はすべて市で交易し、売買価格は時価をかけ離れてはいけない（20 除官市買条）。

　第 1 番目の規定は、官人の勤務時間（後述）が基本的に午前中に終わることと関連があると思われます。

　東西市で商売をしているのは、「市人」と呼ばれる専業商人たちです。市人に関する奈良時代の規定は見当たりませんが、『延喜式』巻四十二東西市司によれば、市籍人と呼ばれるように「市人籍帳」に登録された官許の商人でした。彼らの店舗は「肆」「廛」と表記されますが、「イチクラ」と読みます。市の中に立ち並ぶそれらは、それぞれ扱う物品が決められた専門店で、「糸肆」とか「絹肆」などと書いた標を立てることになっていました。平安京では、東市に 51 廛（店舗）、西市には 33 廛が存在したとされています（『延喜式』巻四十二東西市司）が、平城京については、次にあげる木簡の 1 例しか確認されていません。

　　　　　　（市カ）
（表）「東□交易銭計絁廛人服部
（裏）「真吉

　この木簡は、平城宮跡から出土（木簡学会編『日本古代木簡選』岩波書店 1990 年）したもので、東市に「絁廛」が存在したことを知ることができます。平

城京では、具体的な店舗数ははっきりしていませんが、物品購入に関する『正倉院文書』からは、さまざまな食料品、筆・墨・紙などの写経用品、薪・炭・蓆・履・薬など、多種多様な物品が売買され、東西両市が毎日開いていたことも知られています。

　東西市内において商業活動をしていたのは市人だけではありません。皇族や五位以上の上級官人（貴族）は、従事者である帳内・資人や家人・奴婢などを派遣して、市内で店舗を構えて商業活動を行うことは禁止されていましたが、物品自体の売買や東西市以外の地での交易は認められていました（雑令24皇親条）。彼らが季禄や所領地からの収穫物を銭に換え、物資購入の拠点としていたのは東西市ですので、彼らの経済活動に制限を加えることにより、市人の経済活動を保護する政策と思われます。しかし、大宝令制定27年後の728年（神亀五）3月には、五位のうち外五位（畿外の豪族・有力者が対象）の官人については、市内に店舗を構えて経済活動を行うことが許されました（『類聚三代格』巻五　神亀五年三月二十八日太政官奏）。併せて同日に、内外階制（後述）が布かれ、畿内出身の官人でも、内五位に昇るコースと外五位を経て内五位になるコースが作られ、したがってこれ以後、畿内・畿外の区別なく外五位の位階を有する官人は、市内に店舗を構えて経済活動をすることが認められました。

　ただ、平城京での店舗の存在は、前述したように東西市に限られてはいません。長屋王家木簡に次のようなものがあります（奈良国立文化財研究所編『平城京長屋王邸宅と木簡』吉川弘文館1991年）。

　　（表）。十一月四日店物飯九十九氏筒別筒一文
　　　　　　　　　直九十九文

　　（裏）。酒五斗直五十文別升一文
　　　　　　　　　右銭一百四十九文

第1章　働く場所としての平城京　31

この木簡は、飯と酒を「店」で売った売り上げの銭に付けた付札です。長屋王家が飯と酒を扱う店舗を経営していたことが分かります。この木簡が書かれた710年代には、長屋王は従三位もしくは正三位と思われますので、この店舗の所在地は東西市以外の平城京の何処かであると思われます。長屋王家は位田・職田のほかにも広大な御田や御園からの調達物を、邸内にある「御酒醸所」などで製造・加工し、その物品を自らが経営する店舗で販売していたのです。

　平城京という都城を形成し、そこに官人を集住させ、官司を集中した律令国家は、彼らの生活と職務の遂行を保証するために、必要不可欠な流通経済機構としての東西市を開設し、一般の商人と共に、上級（貴族）官人や中下級官人たちにもそこを開放したのです。

　なお、東西市は単に流通経済の場のみならず、刑を執行する場（棄市）でもありました。獄令7決大辟条には「凡そ大辟罪（死刑）決せば、皆市にしてせよ」とあります。『延喜式』巻二十九刑部省・同巻四十二東西市司には、市司の南門に関係者が集まり、市の楼前で市司の官人と相対し、南庭で刑を執行する規定となっています。刑罰が実際に東西市で執行された例として、741年（天平十三）3月に、大辟罪ではありませんが、外従五位下小野東人が東西両市において杖で50回ずつ打たれ、伊豆三嶋に流罪にされています（『続紀』天平十三年三月九日条）。さまざまな階層の人々が往来する市で刑を執行することにより、犯罪の一般予防を期したのでしょう。

第 2 章　奈良時代の政治体制と法

1　律令国家の形成

　7世紀から8世紀にかけてつくられた古代日本の中央集権国家を律令国家といい、そのシステムを律令制と呼んでいます。律令制とは、古代中国から理想とされてきた「王土王民」、すなわち「土地と人民はすべて王の支配に属する」という理念を具現化としようとする体制に由来します。中国王朝の秦（前221〜前207）・前漢（前206〜後8）以来発達してきた古代中央集権国家の到達点ともいうべき精緻な官僚機構とその運用により、州・県による地方統治と均田制と府兵制による人民支配を特徴とする高度なシステムが、約270年ぶりの6世紀末に中国を統一した隋（581〜618）その後の唐（618〜907）で完成します。そのシステムを法的に支えたのが刑法である「律」と行政法である「令」です。律令の不足を補う改正法としての「格」および律令および格の施行細則としての性格を有する「式」が、律令と共にひとつの法体系を構成しています。これは、法を統治の基礎に置く法家（政治の手段として法律・刑罰を重んじ富国強兵を図る戦国時代の学派）の思想を背景としています。

　7世紀後半には、唐により百済（4C半ば〜660）・高句麗（?〜668）が滅ぼされるなか、当時、倭と称していた日本は白村江の戦いで唐・新羅の連合軍に大敗し国家存亡の危機に陥り、強力な中央集権国家を構築することが倭にとって不可避の課題となりました。壬申の乱（672）に勝利し政権を得た天武天皇は、その動きを一気に加速させ、唐の「律」と「令」を模範としてそれを全面的に継受して律令国家建設を急ぎました。

　天武天皇は、壬申の乱によって伝統的な畿内の有力豪族の勢力が後退し、天皇権力と畿内勢力との間の均衡が破れたこの機をとらえて、天皇という地位のもつ権威と権力をも飛躍的に拡大させ、皇族・皇親を重く

用いる専制体制（皇親政治）のもとで、日本の律令制は急速にその姿を現し始めました。壬申の乱という未曽有の内乱を勝ち抜いた天武天皇のカリスマ性は、「大王は神にしませば」という天皇神格化の観念として、後の律令官人社会に定着していきました。

　天武天皇の死後、その意思を継いだ妻でもあった持統天皇は、飛鳥浄御原宮から藤原京へと遷都（694）を実現させ、さらには大宝律令を施行するなか、日本の律令国家の礎が築かれました。

2　天武・持統天皇と律令官僚制

　中央集権国家としての律令国家の政治機構にとっては、官司制と官人制からなる律令官僚制の整備が急務でした。天武天皇の治世下には、後の大宝・養老令制の原型となる各種の制度が数多く設定されました。

　中央官制として太政官と大弁官が設置され、大弁官は法官・理官・大蔵・兵政官・刑官・民官の六官を統括しました。この組織は、隋・唐の尚書都省と六部の組織を模したもので、後の左右弁官と八省の原型をなすものです（青木和夫『日本律令国家論攷』岩波書店 1992 年）。その他にも、大学寮や京職などいくつかの官司の存在が知られています。地方官としては、天智朝の国宰より権限を縮小された新国宰や惣領が存在していました。なお、上記の六官と大宝・養老令下の八省との対応関係は、法官―式部省、理官―治部省、大蔵―大蔵省、兵政官―兵部省、刑官―刑部省、民官―民部省となっています。

　官人として中央官司に出仕する者は、おもに畿内に出自をもつ大小の豪族でした。そうした豪族を官人に登用するための出身法や勤務評定（考課）・昇進（選叙）および給与の方法も整備されていました。天武二年（673）五月の詔で、「夫れ初めて出身せむ者をば、先づ大舎人に仕へし

めよ。然る後に其の才能を選簡びて、当職に充てよ」とされ、男子はまず大舎人に任用して、その後に才能に応じた官職に就けることが定められ、同時に女性の「考選」（考課と選叙）も男子同様に規定されました（『日本書紀』天武天皇二年五月朔日条）。この詔が、大宝・養老令制下の出身法の起源になるものでしょう。また、任官してからの考選法としては、天武天皇七年（678）十月の詔に、「凡そ内外の文武官、毎年に、史以上の属官の人等、公平にして恪勤なる者をば、其の優劣を議して進むべき階を定め、正月上旬以前に具に記して法官に送れ。すなはち法官校訂し、大弁官に申し送れ。」（同天武天皇七年十月二十六日条）とあり、大宝・養老令での考選法（後述）と異なり、毎年、各官司で所属官人の勤務評定が行われ、その結果としての昇叙の階数まで所属官司で決定される仕組みとなっており、所属官司の長官の裁量権が大きいところに特徴があります。

　官人の政治的地位を表示する冠位には、664年（天智三）制定の冠位二十六階が継続してもちいられていましたが、685年（天武十四）に施行された爵位四十八階（『日本書紀』天武天皇十四年正月二日条）で皇子・諸王の爵位（品）と諸臣の爵位（位）が区別され、爵位授与の対象は皇子女にまで拡大され、爵位を授与されるという意味では、皇子といえども天皇の臣下と位置づけられ、官人の階級組織が確立しました。さらに、畿外出身の壬申の乱の功臣を優遇するために外位制（後述）も採用されました。また、官人の出身母体が「氏」（朝廷の政治機構で一定の職務を世襲的に分掌した父系の親族集団）であることから、官人法の整備と関連して「氏」の制度化が進められ、氏のランク付けが行われました。684年には「八色の姓」を制定（『日本書紀』天武十三年十月朔日条）し、上級官人を出すことができる「氏」には、真人・朝臣・宿禰・忌寸の姓を与えました。それに先立ち、682年（天武十一）の詔には、「凡そ諸の考選すべき者は、能く其の族姓及び景迹を検へて、方に後に考せむ。……其の族姓定まらず

は、考選の色にあらじ」とあり、勤務評定と結階（叙位の階数を決定）に際して、族姓の確認が求められることになりました。新しい官人層の形成が、冠位制にみられる階層区分とそれに結合した氏の序列化を進行させました。

　681年（天武十）2月に、天武天皇は皇后（後の持統天皇）と共に大極殿において親王・諸王・諸臣に対して、「朕、今より更に律令を定め、法式を改めんと欲す。故に倶に是の事を修めよ。」（『日本書紀』天武十年二月二十五日条）と命令しました。その後、天武天皇の死去（686）・大津皇子の排斥（686）・草壁皇子の死去（689）など紆余曲折を経て、天武天皇の意思は、持統天皇によって結実しました。689年（持統三）6月に「令一部二十二巻」を諸司に頒布しました（『日本書紀』持統天皇三年六月二十九日条）が、これが「飛鳥浄御原令」です。現在のところ、その条文の写本や木簡は発見されていませんが、日本最初の本格的な法典としての「令」と推定され、後の大宝令も大枠では飛鳥浄御原令を継承しているようです（青木和夫『前掲書』1992年）。なお、この時点では令だけが編纂され、「律」は完成されず、唐律をそのまま準用していたと思われます。

　飛鳥浄御原令の詳細は明らかではありませんが、690年（持統四）7月には、この令の「官員令」によって太政大臣に高市皇子・右大臣に丹比嶋が任命され、「考仕令」による官人の位階昇進の制度が実施されました（『日本書紀』持統天皇四年七月朔日条）。それに先立つ爵位四十八階は分離し先行施行されていますので、飛鳥浄御原令によって、律令官僚制の方向性が定まりました。さらに、「戸令」に基づいて690年に完成した庚寅年籍（『日本書紀』持統四年九月朔日条）は、全国的に人民を登録した戸籍であり、以後6年ごとに戸籍が作られる起点となり、これに基づいて692年（持統六）に行われた班田（同六年九月九日条）が日本最初の班田でもありました。

3　大宝律令の制定

　持統天皇は、697年（持統十一）に皇位を孫で当時15歳の軽皇子に譲りました。文武天皇です。彼女は「太上天皇」（儀制令1天子条）として文武天皇を後見し、政治の実権を握り続けました。なお、それまでに生前の譲位は、乙巳の変（大化の改新）に際しての皇極天皇から孝徳天皇への例しかありません。

　この時期から、持統太上天皇の主導のもとに新しい律令の編纂事業が進められ、この事業に従事した者は、刑部親王（天武の皇子）を総裁に、藤原不比等・粟田真人など五位以上の上級官人6人、薩弘格・田辺百枝など六位以下12人の中下級の実務および学者官人でした。彼らは、ヤマト王権を構成してきた畿内の大豪族ではなく、海外事情や法律に詳しい新しいタイプの官人たちです（『続紀』文武四年六月十七日条）。

　700年（文武四）3月に、皇族・臣下に対して撰定された大宝令の読習と大宝律の撰成を命じています（同文武天皇四年三月十五日条）。翌701年（大宝元）正月1日の朝賀の儀には、大極殿の前に烏形・日月・四神の幢・幡が立てられ、新羅使や蝦夷・隼人も列立するという、大規模な宮廷儀礼となり、「文物の儀、是に備われり」（『続紀』大宝元年正月一日条）と誇らしげに記された背景には、独自の体系的法典を持つ律令国家の成立という自負心の意思表示だと思われます。律令は蕃夷の国々（周辺諸国を諸蕃、異民族を夷狄）を支配する帝国法の意味合いもあり、中国から冊封（中国の皇帝が周辺諸国の王に爵位・称号を授けること）されている国が独自の律令を編纂することは許されません。唐帝国から冊封されていた新羅は、体系的な律令をもっていませんし、年号も唐の年号を使用していました。当時の日本は、唐帝国に朝貢はしていましたが冊封はされていませんでした

ので、体系的な「律令」法典の編纂が可能であったのでしょう。

　大宝律令の公布・施行に先立ち、701年3月には「大宝」の年号が立てられ（大宝律令により年号の制度化）、官名と位号が改称され、併せて五位以上の親王・諸王・諸臣125人に対して新しい位記が授けられ、右大臣・大納言らの任命が行われました。この時、右大臣に任命されたのは阿倍御主人、大納言には石上麻呂・藤原不比等・紀麻呂でした（同大宝元年三月二十一日条）。この位号・官名の改正は、大宝令の官位令・官員令（養老令では職員令）両編の規定を先行実施したものでしょう。また、六位以下の中下級官人に対する位記授与は、5月に行われました（同大宝元年五月二十七日条）。4月には、律令の編集者の中から鍛大隅は諸親王、下毛野古麻呂は五位以上の諸王・諸臣、道首名は六位以下の諸官人を対象に、「新令」の解説の会を開催しています（同大宝元年四月七日条）。前後しますが、1月には、唐が668年（天智七）に高句麗を滅ぼすと翌年に第6次遣唐使を派遣して以来30年以上途絶えていた第7次遣唐使の派遣（実際の出航は翌年6月）が決定し、その執節使には律令の選定者の一人である粟田真人が任命されています（同大宝元年正月二十三日）。その最大の目的は、大宝律令によって新たに定められた国号「日本」を唐に承認してもらうことにありました（『続紀』景雲元年〈704〉七月朔日条）。この使節団には、当時無位の山上憶良が少録（主典）として任命されています。

　こうした律令の全面的施行のための環境整備が行われるなか、701年（大宝元）8月3日には念願の大宝律令が完成し、併せて同月8日に西海道を除く六道に明法博士を派遣して「新令」を講義させています。さらに、翌年2月には「新律」が諸国に頒布され、7月には全国の文武官に対して「新令の読習」を命じ、「律」の講義も行われています（『続紀』大宝二年七月十日条・同三十日条）。また、10月には律令の法典そのものが諸国に頒布されました（『続紀』大宝二年十月十四日条）。

第2章　奈良時代の政治体制と法　39

7世紀段階では、さまざまな面で朝鮮半島から学んだ知識をもとに、行政制度の整備が推し進められてきましたが、体系的な法典である大宝律令が701年に施行されることにより、政府の指針が同時代の中国の方式を基準とすることに大転換することになりました。それは7世紀半ばから建設が進められてきた律令国家の完成を意味し、口頭行政が主流であった時代から文書行政による形式に流れが変わり、以後長期にわたり、この律令が日本の国家体制を規定したという意味では画期的な出来事でした。

　日本史上はじめての太上天皇として大宝律令制定を主導した持統太上天皇は、この律令の全面的施行を見届け、702年（大宝二）12月に逝去しました。その後、大宝令制の議政官の組織と機能が飛躍的に拡大されたことに対処するために、皇親勢力の対抗措置として、703年（大宝三）正月には刑部親王が知太政官事（太政官の政務を総括する令外官）に任命されています（野村忠夫「奈良時代の政治過程」『岩波講座日本歴史3　古代3』1976年）。

4　大宝律令の内容と養老律令

　日本の律令法は、隋や唐の法律を輸入して、それに日本独自の内容の修正を加えた継受法です。もともと中国と日本では国家の発展段階に大きな格差がありますので、法の内容が異なったり、同じ規定があっても必ずしも日本では実現していない部分があることを念頭に置かなければなりません。また、唐では、皇帝の代替わりには新たな律令が編纂されるのが原則ですが、日本ではそのような原則はありません。

　前述したように、飛鳥浄御原令は「一部二十二巻」であったと伝えられていますが、大宝律令は律6巻（10篇）・令11巻（28篇）から構成されています。飛鳥浄御原令は散逸して全く伝わっていませんし、大宝律・

大宝令も『令集解』などからその逸文が知られているにすぎません。現在、律の一部と令の大部分が残されていますが、それはいずれも養老律・養老令（後述）のものです。大宝律令の母法は、唐の高宗期の永徽律令（651年成立）です。669年から702年まで遣唐使は派遣されていませんので、それ以前に入手したか、684年には唐に留学していた土師甥や白猪宝然（共に律令編纂に参加）が帰国しますので、彼らが持ち帰ったのかもしれません。いずれにしても、大宝律令編纂当時には、永徽律令を手に入れていたことは間違いないでしょう。

　ここでは、日本の「律」と「令」の構成と内容を、現存する養老律・養老令から、簡潔に説明したいと思います。

　①律の構成と内容

　　律は、以下の12篇502条（唐律疏議）から構成されています。

名例律（57条）⇨　律全体の総則で、最初に笞・杖・徒・流・死の五刑、次に重大な犯罪としての謀反・謀大逆・謀叛・悪逆・不道・大不敬・不孝・不義の八虐、律を直接には適用しない特権身分の六議（議親・議故・議賢・議能・議功・議貴）を掲げ、律全般に適用される総則的規定を定めています。

衛禁律（33条）⇨宮城の警衛、関の守固などに関する犯罪の罰則規定。

職制律（59条）⇨官人の服務規律違反に関する罰則規定。

戸婚律（46条）⇨戸籍・婚姻・良賤身分などに関する犯罪の罰則規定。

厩庫律（28条）⇨牛馬・倉庫などの管理に関する犯罪の罰則規定。

擅興律（24条）⇨軍役・征討・造営などに関する犯罪の罰則規定。

賊盗律（54条）⇨謀反・殺人・傷害・強窃盗などに関する犯罪の罰則規定。

闘訟律（60条）⇨私闘・誣告・裁判手続きなどに関する犯罪の罰則規定。

詐偽律（27条）⇨官物・官文書の偽造などに関する犯罪の罰則規定。

第2章　奈良時代の政治体制と法　41

雑律（62条）⇨上記8篇に収められなかった個別的犯罪に関する罰則
　　　　　　　規定。

捕亡律（18条）⇨犯人逮捕の手続きに関する違法行為、役民などの逃
　　　　　　　亡とその隠匿に関する犯罪についての罰則規定。

断獄律（34条）⇨囚人の取り扱い、審理手続き、刑の執行に関わる犯
　　　　　　　罪に関しての罰則規定。

　現在に伝わっている養老律には、上記の12篇目・502条がすべて残っ
ているわけではありません。残存する養老律の篇目と条数は、以下の通
りです。名例律32条・衛禁律14条・職制律56条・賊盗律53条・闘訟
律3条の5篇目、合計158条です。ただし、逸文の集成により全体像が
把握でき、内容的には唐律の条文をほぼそのまま引き継ぎ、罪名を少し
変更し、刑が全体的に軽くなっているという特徴があります。

②令の構成と内容

　　令は、以下の30篇955条（『令集解』目録）から構成されています。
官位令（19条）⇨官位相当の一覧表。

職員令（80条）⇨中央・地方の官司の構成、官名・定員・職掌に関す
　　　　　　　る規定。大宝令では官員令。

後宮職員令（18条）⇨妃・夫人・嬪の号名・定員・品位、女官の定員・
　　　　　　　職掌に関する規定。大宝令では後宮官員令。

東宮職員令（11条）⇨皇太子に附属する諸家政機関とその職員ならび
　　　　　　　に職に関する規定。大宝令では東宮官員令。

家令職員令（8条）⇨有位親王と三位以上の家政機関の職員および職掌
　　　　　　　に関する規定。大宝令では家令官員令。

神祇令（20条）⇨神祇信仰にもとづく公的祭祀に関する規定。

僧尼令（27条）⇨僧尼統制上の刑罰・規制に関する規定。

戸　令（45条）⇨人民把握のための行政区画・編戸・造籍・良賤の秩

序などに関する規定。

田　令（37条）⇨田の面積・租・口分田などの班給といった土地に関
　　　　　　　する規定。

賦役令（39条）⇨調・庸・義倉といった諸税と、歳役・雑徭などの力
　　　　　　　役に関する規定。

学　令（22条）⇨大学・国学の入学・教科・試験など学制全般に関す
　　　　　　　る規定。

選叙令（39条）⇨位階・官職の類別とこれを授ける場合に関する規定。
　　　　　　　大宝令では選任令。

経嗣令（4条）⇨皇族の身分・経嗣方法および婚姻方法に関する規定。

考課令（75条）⇨官人の勤務評定と官人の登用試験に関する規定。大
　　　　　　　宝令では考仕令。

禄　令（15条）⇨季禄・食封・位禄・時服料など、官人に対する俸禄
　　　　　　　に関する規定。

宮衛令（28条）⇨宮城の門の開閉と警護、京内の通行、天皇行幸時の
　　　　　　　警護などに関する規定。

軍防令（76条）⇨軍団・兵士・兵衛などの構成、装備・訓練など兵事
　　　　　　　に関する規定。

儀制令（26条）⇨朝廷の儀式や祥瑞や国郡の祭礼などに関する規定。

衣服令（14条）⇨官人の礼服・朝服・制服に関する規定。

営繕令（17条）⇨建物・橋梁・堤防・船舶などの造営や修理に関する規定。

公式令（89条）⇨公文書の様式・作成・施行手続き関する規定。

倉庫令（22条）⇨官の諸倉庫の設置・出納・管理に関する規定。

厩牧令（28条）⇨中央の厩舎・地方の牧場の運営、駅馬・伝馬の設置
　　　　　　　などに関する規定。

医疾令（27条）⇨医療関係の官人の任用・考課、学生の教育、薬園の

第2章　奈良時代の政治体制と法　43

運営など医薬全般に関する規定。

假寧令（13条）⇨官人の休暇に関する規定。

喪葬令（17条）⇨天皇以下官人の死に関わる葬儀・服喪・陵墓などに
関する規定。

関市令（20条）⇨関の取締り、東西市の管理運営および交易に関する
規定。

捕亡令（15条）⇨犯罪人・逃亡した奴婢などの追捕に関する規定。

獄　令（63条）⇨裁判および科刑に関する規定。

雑　令（41条）⇨上記篇目に収まらなかったさまざまな規定。

　位階に相当する官職と各官司の組織および職掌を定め、律令制運営
の主体となる官僚機構を示しているのが、官位令から家令職員令までの
5篇です。そこには日本独自の官人を位階によって序列づけ、それに基
づいて官職階層に組み入れるという、官人の組織原理が盛り込まれてい
ます。学令から禄令までの5篇は、官人の養成・叙位と任官・勤務評定
の方法・給与について規定しています。また、律令国家の財政基盤であ
る人民支配と収奪の体系は、戸令・田令そして賦役令の3篇に集約され
ています。

　このように令の内容から判断すると、律令とは官人を対象に編纂さ
れた法律であって、国民全体のための現代の法律とは性質を異にしてい
ます。平たく言えば、「官人が当時の人民を支配するにあたっての基本
的ルール」を定めたものと理解すればよいでしょう。当然のこと、律令
を施行し官人に命令を下す主体の天皇は、律令の規制を受けない存在で
す。律令には、天皇の意思あるいは行為を拘束する条項は存在しません。
さらに、「勅裁」および「勅断」によって律令の規定を破る権利を認め
ています。一義的には、律令のみならずあらゆる法の制定者であり法を

超越した存在であって、法の妥当性に根拠を与える究極的権威だからです。

③養老律令編纂の経緯

大宝律令についで、元正天皇の命を受けた藤原不比等のもとで大倭小東人（後の大和長岡）らの法学者が編纂にあたった養老律令（律10巻12篇・令10巻30篇）が、不比等の孫である藤原仲麻呂によって757年（天平宝字元）に施行されました。この律令は718年（養老二）に制定されたとされていますが、実際には718年ごろ編纂が始められ、編纂の途中の720年（養老四）に不比等が亡くなると（不比等の私的編纂としての性格が強いことが理由か）、722年（養老六）ごろには編纂作業が打ち切られたようです（坂本太郎『日本古代史の基礎的研究下』東京大学出版会1964年）。養老律令の編纂過程については、正史『続日本紀』にはほとんど記載されていないため、明確になっていないのが実情です。文武天皇亡き後、二代続いた女帝（祖母である元明、伯母である元正）が切に望んだ首皇太子（後の聖武天皇）の即位に備え、皇帝の代替わりに新しい律令を公布する慣行があった中国になぞらえるために、外祖父である不比等が大宝律令の改定作業に着手したものと思われます。しかし、聖武天皇即位（724）にあたっては、この律令は公布されませんでした。

先述した757年とは、仲麻呂が橘奈良麻呂の変を未然に防いで対抗勢力を中央から一掃し、政権の中枢（変当時、大納言並びに大臣待遇で軍事権をもつ紫微内相）に位置し始めた時期でもあり、その基礎を築いた祖父である不比等（没後贈太政大臣正一位）を顕彰し自らの地位をも強化する一環として、養老律令を施行させたというのが定説となっています。

養老律令を大宝律令と比較してみると、編纂当時すでに格として実施されているもの（中納言の設定・郷里制の施行など）はそれに譲り、格として施行されていないが改定の必要がある場合と、用語・字句の修正や文

章上の矛盾・不備の修正にとどまり、大宝律令の形式的な修正が大部分を占めていたようです（瀧川政次郎『律令の研究』刀江書院 1931 年、坂本太郎『前掲書』1964 年）。ただし、戸令応分条の改変や公式令勅符式の削除など内容的にも大きな修正が加えられていたことも事実です。

5　律令官人と天皇

　律令法典に基づく政治制度を構築し、それを支える官司機構の維持・運営に参加する多くの官人が任用されました。彼らは、位階により序列化され、職階に依拠して天皇・太政官を頂点とする指揮・命令系統にある官司に配属されます。支配階級である官人層は、天皇が形成主体である位階と官職の秩序の中で統合され、律令官僚機構に参加することになります。官職に任用された官人は、天皇に対しての奉仕によって位階の授与あるいは昇進され、その結果、さらに新しい官職を与えられます（『令集解』巻一官位令冒頭或説）。

　位階が官人の階層秩序の基本標識となり得るには、すべての官人が位階によって序列化されなければなりません。しかし、対応官位を有しない番上官や無位の官人も存在しますので、天皇出御の朝儀の場における官人列座の順位でとらえるべきとされています（石母田正『日本古代国家論』第一部岩波書店 1973 年）。「朝参の行立、各位次に依りて序とせよ」（公式令 55 文武職事条）とあり、位階の高下が朝儀に参加する官人の序列を決定しています。平城宮の饗宴が五位以上の官人は内裏に、六位以下の官人は朝堂に設けられたのも、官人が階層化されていたことを示しています。儀式においてその参列者が自分の立つべき場所を示す版位には、それぞれ位階が記されていました。

　官職の相当位階は、官職で構成する官司の等級・格付けとなり、官人

の異動には、同格あるいは上位の官司・官職へ遷任し、在京文武職事官と在外の大宰府官人などの季禄は、現に帯びている位階にはよらず、官位すなわち現に任ぜられている官職の相当位階に応じて支給されます。

　このように、位階が儀礼の秩序とその標識であるのに対して、官職は行政的機能における地位を表示するものであり、この２つの秩序が天皇権力によって統合された君臣構造として存在していました（八木充「律令官人制論」『岩波講座日本通史第４巻　古代３』1994年）。

　五位以上の官人は、天皇と近しく接しうる臣下として位置づけられ、勤務日（上日）が一般官人とは別に毎月天皇に報告され、また、節会などの宮中での宴会で天皇と飲食を共にし、その際に衣服などの節禄を賜与されることで、天皇との間に独自の人格的関係を結んでいました〔吉川真司『律令官僚制の研究』塙書房1998年〕。また、五位以上の官人は、天皇から「諸司本」として、「諸司人等」としての六位以下の官人を統率することを求められています（『続紀』和銅元年〈708〉七月十五日条）。官位相当の遵守状況をみても、五位以上はおおよそ遵守されていますが、六位以下では位階と職階が逆転し、上司よりも部下の位階が高くなる事例も少なくありません。そのことからしても、五位以上の官人は位階制による秩序の規制を受け、六位以下の官人は職階性による秩序に規制されていたようです（虎尾達哉『律令官人社会の研究』塙書房2006年）。

　前代のヤマト政権では、「群臣」「大夫」などと表記される中央執政官的な「マエツキミ」層（有力豪族の政治的地位をさす称号で、６〜７世紀においては臣・連姓をもつ畿内の有力豪族に与えられた）と、その支配下で行政実務に従事した中下級豪族の「伴造」層に分化し、大宝令制下では、前者は五位以上の上級（貴族）官人となると同時に、出身氏族の氏上に認定され、後者は中下級官人として、行政実務を担当しました。

　政治の場としての朝堂は、五位以上の上級（貴族）官人がそこに侍候

第２章　奈良時代の政治体制と法　　47

して、天皇の下命に対するさまざまな奉仕を行う場所でした。朝堂は本来、マエツキミによる口頭政務の場であったので、原則マエツキミが毎日朝堂院に会して一斉に口頭決済を行い、官司間の連絡・調整もその場で行われたようです。さらに、8世紀において、複数の天皇の大嘗宮が朝堂院に営まれたように、朝堂院は神々が降臨する神聖な場でもあり、そこで行われる口頭政務も、神威に裏付けられた「コトアゲ」としての性格を持っていたようです。それに対して、おもに六位以下の官人および雑任・白丁などが行政実務を行う曹司は、事務棟である庁のほか、厨・宿舎・倉庫などから構成されていました。8世紀後半には、曹司は築地塀で区画され、瓦葺き・礎石建物となり、上級（貴族）官人の侍候機能が内裏に吸収されると、それまで朝堂で行われていた口頭政務は曹司へと移行しました（寺崎保広「式部曹司庁の成立」『奈良史学』第18号奈良大学史学会2000年）。

第３章　　律令官人制と行政組織

律令法によって定められる国家統治のための権力機構は、国家のもと
に組織された官人によって運営されます。その官人制を支えるものは、
「百官」と称される行政組織と、官司相互に授受される公文書制度です。
ここでは、行政組織の構造と公文書制度の実態を見ていきたいと思います。

1　行政組織としての官司機構

　官司機構の編成、官職の配置・職掌・相当位階は、官位令および職員
令（大宝令では官員令）などに規定されています。官位令は、親王の品４階
（一品〜四品）、諸王および諸臣の位30階（正一位〜少初位下）の各階とそれ
に対応する官職名が列挙されています（表2、表3参照）。これらの位階の
系列（内位）とは異系列の位階制として、郡司・軍毅・国博士・国医師・
帳内・資人などを対象とした「外位」20階（外正五位上〜外少初位下）も設
けられていました。

　官位令記載の品位階と対応関係にある官職の主軸は、太政官以下省・
台・職・寮・司、衛府、家令所、大宰府・国府の四等官で、これらの官
職に任命された者を、厳密な意味での律令官人と言えるでしょう。彼ら
は官位令に記載された官位相当の長上官で、任官区分で言えば勅任・奏
任に相当します（第4章参照）。

　職員令に規定されている中央官庁は、太政官・神祇官の２官、中務・
式部・治部・民部・兵部・刑部・大蔵・宮内の８省、弾正台、衛門・左
右兵衛・左右衛士の５衛府、左右馬寮・左右兵庫・内兵庫があり、８省
には２職・16寮・30司、衛門府には１司が分属し、さらに、後宮に女
官の12司、春宮坊に３監・６署が属するという構成でした（表4参照）。
これとは別に、左右の京職と摂津職があり、左右の京職にはそれぞれ東
と西の市司が属していました。これらの官司は在京諸司すなわち内官と

言われるものです。

在外諸司すなわち外官（げかん）としては、西海道（九州）に特別行政府として大宰府が置かれました。また、全国は、国—郡—里（740年に里を廃止して郷）の行政区分に編成され、中央から派遣された国司の下に、行政上の編成に従って、郡司および里長（郷長）が置かれました。国は大・上・中・下の４等級、郡は大・上・中・下・小の５等級に区分され、８世紀末には、国は58国３島（壱岐・対馬・多禰（たね））、郡は500余郡ほどありました。

ここでは、主要な官司の職掌について簡潔に説明をしておきます。

表２　大宝律令制における位階一覧

親王	一般官人（内位）	一般官人（外位）
一品	正一位	
	従一位	
二品	正二位	
	従二位	
三品	正三位	
	従三位	
四品	正四位上	
	正四位下	
	従四位上	
	従四位下	
	正五位上	外正五位上
	正五位下	外正五位下
	従五位上	外従五位上
	従五位下	外従五位下
	正六位上	外正六位上
	正六位下	外正六位下
	従六位上	外従六位上
	従六位下	外従六位下
	正七位上	外正七位上
	正七位下	外正七位下
	従七位上	外従七位上
	従七位下	外従七位下
	正八位上	外正八位上
	正八位下	外正八位下
	従八位上	外従八位上
	従八位下	外従八位下
	大初位上	外大初位上
	大初位下	外大初位下
	少初位上	外少初位上
	少初位下	外少初位下

≪２官≫

太政官⇒国政の最高審議機関であると同時に、全官司を統轄する最高の行政府。官内に次の３局を置く。

　○少納言局（小事の奏宣、駅鈴・伝符の出納、内印・外印の捺印などを管轄）

　○左弁官局（中務省・式部省・治部省・民部省の事務を統轄）

　○右弁官局（兵部省・刑部省・大蔵省・宮内省の事務を管轄）

第３章　律令官人制と行政組織　51

表3　官位相当表

	神祇官	太政官	中務省	式部・治部・民部・兵部・刑部・大蔵・宮内省	中宮・大膳・左右京・摂津職、春宮坊（修理職）	大寮 左右兵庫 （諸陵寮）
正一位		太政大臣				
従一位						
正二位		左大臣				
従二位		右大臣				
正三位		大納言				
従三位						
正四位上		（中納言）	卿		皇太子傅	
下				卿		
従四位上		左右大弁				
下	伯				中宮・春宮大夫 （修理大夫）	
正五位上		左右中弁	大輔		大膳・左右京 摂津大夫	
下		左右少弁		大輔 刑部大判事		
従五位上			少輔			頭
下	大副	少納言	侍従 大監物	少輔	亮 皇太子学士	
正六位上	少副	左右大史	大内記			
下			大丞	大丞 刑部中判事		助　明経博士
従六位上	大祐		少丞 中監物	少丞	中宮・春宮大進 （修理大進）	
下	少祐			刑部少判事 大蔵大主鑰	中宮・春宮少進 （修理少進） 大膳・左右京・摂津 大進	
正七位上		左右少史 大外記	大録 中内記	大録	大膳・左右京・摂津 少進	
下			少監物 大主鈴			大允　助教 （文章博士） （明法博士）
従七位上		少外記				少允　音博士 書博士 算博士
下			大典鑰	大蔵少主鑰 刑部大解部	（修理大属）	
正八位上			少録 少内記 少主鈴	少録 大蔵典履 大蔵典革		
下	大史			治部大解部 刑部中解部	中宮・大膳・左右 京・摂津・春宮大属	
従八位上	少史		少典鑰		少属	大属　雅楽諸師 馬医
下				治部少解部 刑部少解部		少属 主計主税算師
大初位上						少属
下						
少初位上						
下						

大司	中司 内兵庫	小司 監	主鷹司 署	衛門府 左右衛士府 左右兵衛府	（左右近衛府）	弾正台	大宰府	国司
							帥	
					（大将）			
						尹		
					（中将）			
				衛門・衛士督			大弐	
					（少将）	弼		
				兵衛督				大国守
				衛門・衛士佐			少弐	
正 内膳奉膳						大忠		
内薬侍医	正			兵衛佐		少忠	大監	大国介 中国守
		正			（将監）		少監	上国介
			正 首	衛門・衛士大尉			大判事	下国介
				衛門・衛士少尉		大疏	大典 少判事 大工 防人正	
				兵衛大尉		巡察弾正	主神	大国大掾
				兵衛少尉				大国少掾 上国掾
佑 内膳典膳					（将曹）		博士	
						少疏	少典 医師 算師 少工 主船 主厨 陰陽師 防人佑	中国掾
		佑		衛門・衛士大志 衛門・衛士医師				
				衛門・衛士少志 兵衛大志・医師				大国大目
				兵衛少志				大国少目 上国目
令史 大令史 画工画師							判事大令史	
少令史	令史 織部 挑文師						防人令史 判事少令史	中国目
								下国目
		令史 内染師	令史					

表4　律令制の官司機構

```
                            ┌─ 神祇官
                            │          ┌─ 中宮職
                            │          ├─ 左右大舎人寮
                            │          ├─ 図書寮
                            │          ├─ 内蔵寮
                            ├─ 中務省 ─┼─ 縫殿寮
                            │          ├─ 陰陽寮
                            │          ├─ 画工司
                            │          ├─ 内薬司
                            │          ├─ 内礼司
                            │          └─
                            │          ┌─ 大学寮
                            ├─ 式部省 ─┤
                            │          └─ 散位寮
                            │          ┌─ 雅楽寮
                            ├─ 治部省 ─┼─ 玄番寮
                            │          ├─ 諸陵司
                            │          └─ 喪儀司
                            │          ┌─ 主計寮
                            ├─ 民部省 ─┤
                            │          └─ 主税寮
                            │          ┌─ 兵馬司
                            │          ├─ 造兵司
                            ├─ 兵部省 ─┼─ 鼓吹司
                            │          ├─ 主船司
                            │          └─ 主鷹司
                            │          ┌─ 贓贖司
                            ├─ 刑部省 ─┤
                            │          └─ 囚獄司
          ┌──太政官──────┤          ┌─ 典鋳司
          │                 │          ├─ 掃部司
（天皇）─┤                 ├─ 大蔵省 ─┼─ 漆部司
          │                 │          ├─ 縫部司
          │                 │          └─ 織部司
          │                 │          ┌─ 大膳職
          │                 │          ├─ 木工寮
          │                 │          ├─ 大炊寮
          │                 │          ├─ 主殿寮
          │                 │          ├─ 典薬寮
          │                 │          ├─ 正親司
          │                 │          ├─ 内膳司
          │                 │          ├─ 造酒司
          │                 ├─ 宮内省 ─┼─ 鍛冶司
          │                 │          ├─ 官奴司
          │                 │          ├─ 園池司
          │                 │          ├─ 土工司
          │                 │          ├─ 采女司
          │                 │          ├─ 主水司
          │                 │          ├─ 主油司
          │                 │          ├─ 内掃部司
          │                 │          ├─ 筥陶司
          │                 │          └─ 内染司
                            ├─ 弾正台
                            ├─ 衛門府 ─── 隼人司
                            ├─ 左右衛士府
                            ├─ 左右兵衛府
                            ├─ 左右馬寮
                            ├─ 左右兵庫
                            ├─ 内兵庫
                            ├─ 左右京職 ─── 東西市司
                            ├─ 摂津職
                            ├─ 春宮坊 ─── 三監六署
                            ├─ 大宰府
                            ├─ 諸国司 ─── 郡司─里長
          └─────────────└─ 後宮十二司         軍団
```

表5　太政官の内部組織

数字は定員を示す。大納言は慶雲2年（705）に中納言が新設されたことにより、令制定員4人が2人に減じた。中納言の定員3人は、同年の新設時のもの。参議の店員8人は、9世紀以降のもの。

井上光貞他編『日本歴史大系2　律令国家の展開』
山川出版社 1995年より

神祇官⇨宮中の神祇祭祀と全国の神社を統轄する。

≪8省≫

中務省⇨天皇の国事行為および後宮の事務を担当する。1職・6寮・3司を管轄。

式部省⇨文官の勤務評定・人事、朝廷儀礼などを担当する。2寮を管轄。

治部省⇨各氏族の系譜・相続・婚姻など官人の身分に関わる事務を担当。2寮・2司を管轄。

民部省⇨民衆・土地・租税など民政全般を担当。2寮を管轄。

兵部省⇨諸国軍団・兵士・兵器・軍事施設、武官の勤務評定・人事を担当。5司を管轄。

刑部省⇨刑事裁判・良賤判別などに関わる司法行政全般を担当。2司を管轄。

大蔵省⇨諸国貢献物の保管、朝廷行事の用度統轄、度量衡・物価の統制を担当。5司を管轄。

宮内省⇨内廷の庶務機関。1職・4寮・13司を管轄。

≪1台≫

弾正台⇨大内裏と京内の綱紀粛正を担当。

≪5衛府≫

衛門府⇨宮城門と宮門の警備を担当。1司を管轄。

左右衛士府⇨衛士の管理、宮門・宮城門・宮内諸官衙の警備を担当。

左右兵衛府⇨天皇の親衛隊の管理、内門の警備を担当。

≪その他≫

左右京職⇨京内の行政・警察機構を担当。2司を管轄。

摂津職⇨難波宮・難波津・難波市の管理、摂津国の国司を兼任。

春宮坊⇨皇太子の家政機関。3監・6署を管轄（東宮職員令2春宮坊条）。

後宮十二司⇨皇后・妃などに奉仕（女官）する官司（後宮職員令4～15条）。

これらの官司の官人構成は、原則として、管理職にあたる長官（かみ）・次官・判官・主典の四等官（長上官）と、史生・使部の雑任（番上官）からなっています。ただし、官司の特性に応じて専門職である品官（四等官と別系統の職事官）や伴部（ともべ）と呼ばれる技術職員的な雑任が置かれることもありました。また、皇后宮職や造東大寺司などの令外官司や遣唐使においても四等官で構成されていました。四等官の表記は、表6に見るように、官司によって文字を異にしますが、「かみ」「すけ」「じょう」「さかん」と訓読します。ただし、郡司の主政・主帳は音読されます。

　四等官の構成員は、各々1人とは限りません。中央官司である神祇官や8省では、次官・判官および主典を大少に分け、複数で構成されていますし、職・寮クラスおよび弾正台・衛府では、判官・主典でやはり大少に分けられ、複数となっています。司クラスでは、次官がなく、長官・判官・主典各1人構成となっています。国司では、大国は長官・次官各1人に対して判官・主典は各々大少に分けられ合計6人、上国は長官・次官・判官・主典各1人の合計4人、中国は次官が省かれて長官・判官・主典各1人の合計3人、下国では次官・判官が省かれ長官・主典各1人合計2人から構成されています。どうやら4人以上の構成員が必要な官司では、判

表6　養老令での四等官の表記

司名	長官	次官	判官	主典
神祇官	伯	副	有羽	史
省	卿	輔	丞	録
台	尹	弼	忠	疏
職	大夫	亮	進	属
寮	頭	助	允	属
司・監	正	（佑）	佑	令史
国	守	介	掾	目
郡	大領	少領	主政	主帳
大宰府	帥	弐	監	典
五衛府	督	佐	尉	志
署	首	―	―	令史
家令	令	扶	従	書吏
軍団	―	―	大毅／少毅	主帳

井上光貞他編『前掲書』1995年より

官および主典を増員し、4人以下の構成員で済ます場合は、次官・判官を省くと言うルールがあったようです（中村順昭『律令官人制と地域社会』吉川弘文館2008年）。

　四等官の職掌については、所属する官司固有のものと、すべての官司に共通するものとがあります。職員令1神祇官条では、長官と次官については「官司内のことを惣べて判ること」と、同じ職掌とされていますが、判官は「官司内を糺し判らむこと、文案を審署し、稽失を勾え、宿直を知らむこと」、主典は「事を受りて上抄せむこと、文案を勘署し、稽失を検え出し、公文を読み申さんこと」と、それぞれ諸官司に共通して独自の職掌が規定されています。判官・主典は共に典型的な実務官人で類似した職掌ですが、主典には官司の行政上の決定に関する権限は与えられていなかったようです（公式令12移式条・獄令41諸司断事条）。現実には長官の職掌には独自性があり、8省における通常の政務は、次官以下の輔・丞・録によって行われ、卿が政務に関与するのは、天皇への奏上など、天皇が関わる政務のみであったようです（佐藤全敏『平安時代の天皇と官僚制』東京大学出版会2008年）。

　また、上述した四等官とは別に、官位相当に対応した、首席官（四位官）・次席官（五位官）・実務官（六位官）・雑務官（七位官）と称すべき官職のランクが存在したとする説もあります（春名宏昭『律令国家官制の研究』吉川弘文館1997年）。

2　官司間の統属関係および序列

　職員令には、各官司の序列および統属関係について明確には規定されていません。一応、官司の規模と職員構成にもとづく官・省・台などの上下関係はありますが、表4の律令制の官司機構とは必ずしも一致

しません。しかし、各官司相互間に主従（上下）関係があったはずです。職員令で「管隷」および「因事管隷」とよばれているものがそれにあたります。管隷とは、中央では8省とそれぞれに属する職・寮・司など、地方では国と郡や軍団の関係で、「所管―被管」の位置づけにあるものです。因事管隷とは、直接主従（上下）関係はないが、政務の種類によってはその指揮下に入る官司で、太政官と神祇官・8省・弾正台・5衛府などの関係にあたります。

　律令国家においては、中央からの命令・地方からの報告などは公文書でやり取りすることになります。こうした公文書の書式については、公式令に規定されています。そこでは、官司相互で授受する公文書を「解」「移」「符」に区分し、それぞれの書式が例示されています（11 解式条・12 移式条・13 符式条）が、これらの書式に「管隷」および「因事管隷」の関係が対応しています。解とは、下級官司が上級官司に対して上申する公文書で、結文は太政官に対しては「謹解」（謹んで解す）とし、他の場合は「以解」（以て解す）となります。太政官と神祇官・8省・弾正台・衛府などの関係は因事管隷になりますが、これらの官司が太政官に提出する公文書は解の書式となります。移は、同格の官司間で交付される公文書で、因事管隷の関係でない場合、結文は「故移」（ことさらに移す）となり、因事管隷の関係の場合は、「以移」（以て移す）となります。衛府が人事について兵部省に提出する公文書などがその例にあたります。符は、上級官司から下級官司へ交付される公文書で、この符の書式の例示には「太政官、其国司に符す、其事云々。符至らば奉行せよ」とあり、太政官が全国の国司に対する指揮権を持っていたことがうかがえます。と同時に、国司は太政官に対してだけではなく、省・台などに対しても解をもって上申し、太政官・省・台などから国司に対して発する公文書は、符の書式をとります。ただし、被官官司は所管官司に対してのみ解

による上申文書を提出することが許され、所管官司を飛び越えて直接太政官に解を提出することはできません。たとえば、中務省被管の図書寮で太政官に上申すべき事項がある場合には、まず「以解」とする解を中務省に提出し、中務省が「謹解」とする解を修して太政官に提出することになります。同じ寮であっても、左右馬寮は太政官と因事管隷の関係にあるので、直接太政官に「謹解」とする解を提出することができます。

　ところで、諸官司間の序列、いわゆる官司のランクは当時どうなっていたのでしょうか。官・省・職・寮・司などの呼称がこれを示しているように思われますが、一応の目安にすぎないようです。その辺りについて、官位令における各官司の四等官の官位相当から見ていきたいと思います。

　青木和夫氏は、太政官を除く各官司の四等官の官位相当から官司を1等～4等級に区分し、次のように説明しています（「律令国家の権力構造」『岩波講座日本歴史3　古代3』1976年）。大宰府・中務省・他の7省および弾正台を一等官司として、各長官は大宰帥の従三位相当以下1階ずつ下がるが、次官は上位次官が大宰府および中務省では正五位上、他の7省および弾正台は正五位下に位置づけられ、順次下がって主典に至ると大主典が正七位上・少主典が正八位上と4者とも同格になります。次に、神祇官・中宮職・春宮坊・左右京職・大膳職・摂津職・衛門府・左右衛士府を二等官司として、前3者が他の7者に対して、次官と大少主典では前3者が他の7者よりも1階上ですが、長官と大少判官では同階という位置づけとなっています。同じ職でも中宮職は他の職より格が高いとしています。三等官司としては8省所管の16寮と左右兵衛府・左右馬寮・左右兵庫に大国・上国をあげています。これらの官司を大寮と小寮に区分して、大・小の別は大寮の長官ならば従五位上、小寮ならばその1階下、大寮の次官は正六位下、小寮はその1階下、大寮の判官は大少1人ずつ、

第3章　律令官人制と行政組織　59

小寮の判官は１人です。大寮は８省所管中の９寮と２衛府・２馬寮・２兵庫および大国で、小寮は８省所管中の７寮と上国です。最後に四等官司として８省所管の30司と東西市司のほか、内兵庫、春宮坊の３監６署、中国・下国をあげています。さらにその中を大司・中司・小司・下司に４区分して、東西市司は大司・内兵庫および中国は中司・春宮坊の３監は小司・６署および下国は下司とランク付けしています。換言すれば、一等官司は「省」級・二等官司は「職」級・三等官司は「寮」級・四等官司は「司」級と言うことになります。

3　官司機構における太政官の位置

大宝令の施行によって、中央官制の頂点に位置する太政官の地位は法定・確立しましたが、その内部構成（表5参照）は、議定官・少納言局・左右弁官局からなっていました。

議定官は、太政大臣・左右大臣・大納言からなる天皇の諮問、国政の審議部門です。701年（大宝元）３月に新しいメンバーが任命されましたが、すべて畿内出身の大化前代の有力氏族の代表（多治比島真人・阿倍御主人・藤原不比等など）が任命されました（『続紀』大宝元年３月二十一日条）。翌年５月に、大伴安麻呂等５人が国政の審議に参加することが許されます（同大宝二年五月二十一日条）が、後に「参議」というポストとして定着します。705年（景雲二）４月には、大納言の定員４人を２人に減らし、新たに中納言（定員３人）を設けました（同景雲二年四月二十二日条）。これ以後、議定官は中納言と参議を含めた構成で定着しました。

少納言局は、少納言・外記・史生から構成される議定官の事務局です。少納言は小事の奏宣、駅鈴・伝符の出納、内印・外印の捺印などを管掌し、侍従も兼任していました。外記は少納言の監督下に、中務省所属の

内記の書く詔書を検討したり、太政官の論奏などを書いたりして、天皇と太政官を連絡する秘書的役割を果たしていました。

　左右の弁官局は、それぞれ大・中・少の弁、大・少の史のほか、史生や官掌などの雑任から構成されています。8省以下の諸司や諸国の事務を集約・処理し、議政官や関係官司への取り次ぎや命令伝達を行い、太政官符などの作成にあたりました。左右の大弁は8省の卿に次ぐ高官（従四位上）でもありました。

　律令官制の頂点に位置する太政官からは、国政に関わる法令（太政官符など）の多くが当然のように発せられます。ここでは、太政官での法令の立案・審議・施行の手続きなどについて簡単に説明したいと思います。

　第一に、天皇の意思をそのまま行政上の命令として公布するには、公式令の詔書式によるものと勅旨式によるものとの、二つの方法があります。どちらの場合も中務省の内記（ないき）が起草し、裁可を得た正文は中務省に保管されますが、詔書式の場合は、正文の写しに中務省の長官や大少次官が署名して太政官に送付し、大臣以下の議政官が署名し、この詔書を施行することを奏上します（覆奏（ふくそう））。これに対して天皇が「可」と自署すると太政官に保管し、これをさらに写したものを「符」として施行されたり、朝堂院に全官人を集めて宣命（せんみょう）として読み上げられます。

　勅旨式の場合は、正文に中務省の長官以下が署名してから弁官に送り、大弁以下が署名を加えたものを弁官局に保管し、これをさらに写したものを「符」として施行されます。一般的には、臨時の大事が「詔」で通常の小事が「勅」とされています（『令義解』巻六公式令詔書式）。

　第二は、太政官以下諸官司から発議した案件で、天皇に奏上して裁可を得てから天皇の命令として公布する場合です。その場合、論奏（ろんそう）・奏事（そうじ）・便奏（びんそう）の3種類（公式令3論奏式・4奏事式・5便奏式）があります。

　論奏は、国政上の重要事項について議定官の合議によって発議した案

件で、原則として大納言が奏上し、天皇が「聞」と書けば裁可を得たものとして施行されます。論奏式は、その対象となる9つの事項を以下のように挙げています。ⅰ大祭祀、ⅱ国費の増減、ⅲ官員の増減、ⅳ流罪以上と官人の除名処分との判決、ⅴ国郡の配置、ⅵ兵馬100匹以上の差発、ⅶ国庫の布500端以上・銭200貫以上・米500石以上・官奴婢20人以上・官馬50匹以上・官牛50頭以上の使用、ⅷ臨時の五位以上の叙位、ⅸ国政上の大事で律令に規定のないこと。

　奏事は、諸官司各官が発議した案件を議定官が審議した後、大納言が奏上し裁可を得て施行されます。天皇より奏状に付け加えるべき勅がある時は、その内容を付け加えることになります。議政官が独自に「処分」し、その時点で法令とされるものもあります。これも弁官に送られ、太政官符によって施行されます。

　これに対して便奏は、太政官に所属する少納言が日常的な政務について奏上して裁可を得て施行され、議定官の審議を経ることはありません。便奏の特徴として、必ずしもこの書式によった文書を作って奏上しなくてもよく、口奏すなわち口頭で奏上できることです。

　その他、議政官が独自に「処分」し、その時点で法令とされるものもあります。これも弁官に送られ、太政官符によって施行されます。

　以上述べたように、太政官からは、中央官司を統轄する立場から、多くの単行法令および行政命令が発せられます。天皇の意思を伝えるもの、天皇の意思を問うたうえで成立した法令、さらには議定官が独自の意思によって成立した法令など様々なものがそこには見られます。その議政官の構成は、8世紀前半までは畿内の有力氏族の代表で占められており、律令国家は天皇と太政官との間に、構造的な緊張感がそこには存在したと思われます。

4 行政組織としての軍事制度

　7世紀後半までの日本の軍事組織は、中央・地方の豪族が従者や支配下の人々を武装させて部隊を編成していました。ところが、662年（天智2）に百済救援のために朝鮮半島へ派遣した大軍が、翌663年（天智3）には唐・新羅の連合軍に大敗するに至り（白村江の戦い）、朝廷の指導層に国家存亡の深刻な衝撃を与えたと同時に、国防への認識を新たにさせました。さらに10年も経ない672年（天武元）には、古代史上最大の内乱と言われる壬申の乱を経験することになります。このことにより、対外防衛ばかりではなく、国内における権力保持のためにも、国家レベルで統一された軍事機構（軍隊）を構築することが必須の課題となりました。

　①軍団制

　上記の課題を解決すべく、唐の府兵制にならった軍事機構としての「軍団制」を誕生させたのは持統天皇の時世でした。

　軍団制は、正丁（一般農民の21歳〜60歳までの成年男子）を1戸について3丁（3人）に1丁（1人）の割合で兵士に徴発（実際には1戸から1兵士が徴発されていたようです）し、通常1000人の兵士で編成される軍団を全国に設置するという体制です。なお、徴発された兵士は、その一部が1年交代で上京し衛士として衛門府と左右衛士府に配属され（後述）、また一部が3年交代で防人として西辺の防衛に従事し、それ以外の兵士が軍団に配属されます（軍防令8兵士上番条）。全国的な最初の戸籍である庚午年籍(670)が白村江の戦いの後に造られ、飛鳥浄御原令の戸令に基づき庚寅年籍(50戸を1里として国—評—里—戸の制の確立、完成は690)の作成が命じられた際(689)には、併せて徴兵の方法も指示（『日本書紀』持統天皇三年閏八月十日条）されていることは、戸籍の作成と徴兵とが密接に関係していたことを物語っています。702年（大宝二）の御野（美濃）国の戸籍には、列挙された人名

の下に「兵士」と記されたものがあります（『大日古』1-1）。

　軍事に関する規定は軍防令に定められていますが、その多くは征討軍の編成・大将の任務および権限など戦時の動員についての規定です。絶えず周辺諸民族との抗争を繰り返してきた唐の軍防令をモデルとした関係もあるでしょうが、その根底には白村江の戦いでの教訓が生かされていると思われます。軍団制の本質は、国家対国家の総力戦を想定した軍事体制を具現化したものでしょう。

　軍団は律令兵制の基本をなす組織で、先述したように、通常兵士1000人によって1団が編成されます。兵士は、一般の公民から徴発され、自ら武器・食料などを携えて軍団に結集させられますが、軍防令には、兵士が準備し携行する食料・武器・戎具（戦いに必要な道具）などが定められています（6兵士備糧条・7備戎具条）。ただ、軍団兵士は全国統一規格（「様」）の武器を装備されることが予定されており（営繕令4営造軍器条）、武器製造の材料・分量も統一されています（『延喜式』巻二十六主税上戎具料度条）。また、軍団では10月末までに武器をすべて点検して破損状況を確認し、新規兵士入隊後の11月から12月の2ヵ月で、破損武器を統一規格に基づいて修理・製作して補充完備することになっていますので、新規入隊兵士が武器などを持参する必要はありません。このような規定あるいは状況から、軍防令の規定は、武器などを自己持参するという意味ではなく、行軍に際して兵士が自ら着装する装備という意味で、新規入隊する兵士が個人で武器などを持参するのではなく、除隊兵士から個人装備一式を受け継いだものとの指摘もあります（下向井龍彦「軍団」平川南他編『文字と古代日本2　文字による交流』吉川弘文館2005年）。

　諸国の軍団の兵士は団別に10番をなし、1番を10日として軍事訓練を受けることになっていました（『続紀』景雲元年〈704〉六月三日条）。ただし、軍団は律令国家の常備軍ですが、兵士は常に軍役に就いていたわけでは

なく、非番の時は、自家の生業に従事していました。

　軍団の統率体制に関する官人構成は、大毅（だいき）（１人）・少毅（しょうき）（２人）・主帳（１人）・校尉（こうい）（５人）・旅帥（りょそち）（10人）・隊正（たいしょう）（20人）となっていました（職員令79軍団条）。大毅・少毅（２者総称して毅）は軍団の指揮官、校尉は200人・旅帥は100人・隊正は50人の兵士をそれぞれ指揮しますが、主帳は事務官の位置づけです（軍防令１軍団大毅条・13軍団大毅条）。軍団の官人には官位相当はありませんが、大毅と少毅は地方官人として勤務評定の対象となり、郡司と同じく在地の有力豪族から採用されることが一般的でした。令制では、軍団の規模は兵士1000人と定められていますが、『令集解』巻六軍団所引の「八十一」例によれば、「軍団に毅を置くは、兵士千人を満たせば、大毅一人、少毅二人、六百人以上は、大毅一人、少毅一人、五百人以下は、毅一人」とあり、少なくとも３種類の規模の軍団があったようです。

　平時の軍団は、その位置する国司の管理下に置かれていました。国司も、兵士の徴発や兵器の管理に関しては兵部省の所管下にありましたので、太政官―兵部省―国司―軍団という行政上の指揮命令系統の下にありました。軍団が実際の戦闘に動員されたことは、８世紀に何度かありましたが、蝦夷（えみし）と対峙している陸奥・出羽や対外防衛の必要のあった佐渡と大宰府管轄下の諸国以外では、現実には軍団を設置していく意味は薄れつつあり、また、国家財政の立て直しおよび農民の労役負担を軽減する意味からも、792年（延暦十一）６月には上記の国を除いて、兵士制と共に廃止されました。

　なお、反乱の鎮圧や征討などの非常事態の場合には、これとは別の指揮命令系統に移され、大将軍・将軍・副将軍などが任命（いずれも臨時に置かれる権官）され、節刀（せっとう）授与などを通じて彼等には天皇より大権（軍事指揮権・刑罰権）が移譲され、各国の軍団を動員して征討軍が組織されま

した。

②令制の衛府制度

　整然と区画された街区を持ち、天皇の住居と律令官人の執務の場としての宮城を備えた平城京は、それまでの飛鳥の宮とは比較にならない規模を持つものであり、その秩序を維持し、警衛を万全のものにするために、新しい官司と新たな軍事力が必要となりました。

　令の規定では、衛府制度は「衛門府」・「左右衛士府」・左右兵衛府」の5府からなり、これを一般に「五衛府」と呼んでいます。五衛府各々に武官の督・佐・尉・志の四等官を置き、その下に兵士および医師・使部・直丁などが配属されていました。これらの衛府の兵力（兵士）を形成するために、衛門府には門部・物部と衛士が、左右衛士府には衛士が、左右兵衛府には兵衛が配置されました。

　《衛門府》　大化前代の靫負（親衛軍）の系譜を引いており、これに所属する門部200人は、古くから天皇に近侍する武力としての伝統を有する負名氏の任ずる伴部で、宮城諸門の警護にあたりました。平城宮の宮城12門には、かつてその門を守衛した氏族のウジ名を冠した門号がつけられていました（第1章図3参照）。物部30人は、主として犯罪人の決罰などの警察的任務に従事していました（『令義解』巻一職員令衛門府条）。

　《左右衛士府》　宮門（中門）の守衛、宮城内・京中の警備および行幸の供奉などにあたりました。そこに所属する衛士は、律令国家と共に誕生した新しい軍事力で、諸国の軍団兵士から選ばれて1年交代で勤務（現実には長年月）することになっていました。衛士の定員は令に規定はありませんが、741年（天平十三）以前は衛門府・左右衛士府とも各200人でしたが、その年に増員され（『続紀』天平十三年五月十一日条）、以後805年（延暦二十四）までは衛門府に400人・左右衛士府に各600人、合計1600人ほど存在していたようです（『日本後紀』延暦二十四年十二月七日条）。

≪左右兵衛府≫　内裏の門の守衛、巡検、行幸の警備などにあたり、五衛府の中では最も天皇の近辺の警衛に携わりました。そこに所属する兵衛は、令制以前に天皇・皇族に近侍した舎人の伝統をひき、郡司の子弟および六位～八位の者の子から採用され（軍防令47内六位条）、また、季禄・養物の支給および勤務評定（考課）の対象となり位階も授けられました。左右兵衛府には各々400人の兵衛が配属されていました（『日本後紀』大同三年〈808〉七月二十二日条）。地方豪族や畿内の中小豪族の出身である兵衛は、五衛府の軍事力の一方の中核である衛士が一般公民からの徭役労働であるのとは、根本的に性格を異にしていました。

　それ故か、平城京という広大な警備区域をカバーするにあたり、もっとも人員の多い衛士の職務や警備担当区域は限定されており、宮城内の中枢区域の警備はすべて兵衛が担当し、行幸における天皇の直接的警護も内舎人と兵衛が行い、衛士はその外周の警備を任されたにすぎません。

　③令制以外の軍事組織

　令に規定された軍団および五衛府以外にも、時の社会情勢の変化あるいは自らの勢力拡大・保持の目的から、いくつかの軍事組織（軍隊）が存在していました。ここでは、その代表的なものを簡潔に説明したいと思います。なお、純粋な軍事組織ではありませんので、ここでは扱いませんが、中務省所属の内舎人（90人）・左右大舎人寮所属の大舎人（各800人）・中宮職所属の中宮舎人（400人）・春宮坊所属の東宮舎人（600人）が存在し、それぞれの部署の警備および雑務に従事していました。さらに、兵部省所管の造兵司・左右馬寮・左右兵庫・内兵庫なども、広い意味では軍事組織の一翼を担っていました。

　≪中衛府≫　皇位継承などで問題が起こった場合、天皇にとって中央の五衛府は必ずしも自らの軍事力にはなり得ません。707年（景雲四）7月17日に元明天皇が即位儀式をあげた4日後に、持統天皇以来の皇

位継承路線、言い換えれば皇位継承予定者としての首皇子（後の聖武天皇）を反対勢力から守る目的で、元明と藤原不比等によって「授刀舎人寮（じゅとうとねり）」が新設されました。授刀舎人とは、帯刀して宮中の警護にあたるもので、令制の内舎人や兵衛に近い性格を有し、五衛府と同格のれっきとした武官で、天皇の親衛軍と言うべきものです。このような任務を担う授刀舎人を藤原氏は当初から掌握していたようで、722年（養老六）には、藤原不比等の二男である房前（従三位内臣）が授刀舎人寮の頭（長官）に就任していました（『令集解』巻二十九衣服令所載養老六年二月二十三日格）。聖武天皇（首皇子）の即位（724）後、藤原氏が政界の支配を不動にするために728年（神亀五）8月、すでに掌握していた授刀舎人寮を改組し、五衛府に勝る衛府として中衛府（令外官）を創設（『続紀』神亀五年八月朔日条）し、その初代の長官に前出の藤原房前が起用されました（『万葉集』巻5—812）。

　中衛府の官人構成は、大将（1人）・少将（1人）・将監（しょうげん）（4人）・将曹（しょうそう）（4人）の四等官制で、その官位相当は五衛府より高く、五衛府の督が正五位上あるいは従五位上であったのに対して、中衛大将は従四位上でした。中衛舎人300人が所属し、その多くは地方豪族層出身者で占められていました。

　首皇子の皇位継承を目的の一環として生まれた授刀舎人寮が中衛府に発展し、天皇の親衛隊としての武力組織から国家の軍事組織として位置づけられると同時に、天皇と結んだ藤原政権の武力基盤的性格をも有するようになりました。藤原仲麻呂政権下に一時的（758〜764）に官司名が唐風に変更された際に、中衛府も鎮国衛（ちんこくえ）と改称され、併せて大将を正三位相当官として大尉に、少将は従四位上の官として驍騎将軍（ぎょうき）に、員外の少将は正五位下の官として次将にそれぞれ改められました（『続紀』天平宝字二年〈758〉八月二十五日条）。807年（大同二）に衛府制の改革で右近衛府に改称されるまでに12人の大将が在任しましたが、吉備真備と坂上

田村麻呂のふたりを除いて、他はすべて藤原氏の出身者で占められていました。

≪授刀衛および近衛府≫ 738年（天平十）に未婚の皇女である阿倍内親王が皇太子になりますが、それを画策した藤原氏、その背後にいる聖武天皇や光明皇后などの勢力は、その反対勢力から阿倍内親王の地位を武力で擁護するために新たな軍事組織を設置しました。『続日本紀』天平十八年（746）二月七日条に「騎舎人を改めて授刀舎人となす」とあり、阿倍内親王を武力で擁護する組織として、授刀舎人が再登場します。これを第二次授刀舎人と呼んでいます（笹山晴生『古代国家と軍隊』中公新書1975年）。749年（天平勝宝元）、聖武天皇は譲位し、皇太子阿倍内親王が即位して孝謙天皇となりました。この時、実際に国家の大権を掌握していたのは母である光明皇太后であり、その政治体制のもとで藤原仲麻呂（760年には太師＝太政大臣）が権勢をふるいました。聖武太上天皇が亡くなった直後の756年（天平勝宝八歳）には、一時的に第二次授刀舎人の管理が中衛府に移りますが、大炊王（淳仁天皇）に譲位した孝謙太上天皇は、759年（天平宝字三）に「授刀衛」（令外官）を組織（『続紀』天平宝字三年十二月二日条）し、自らの軍事力の拠点としました。

授刀衛の官人組織は、督（1人）・佐（1人）・大尉および少尉（各2人）・大志および少志（各2人）の四等官制で、授刀舎人400人が所属していました。その後、四等官の名称は、大将・中将・少将・将監・将曹に改められたようです（『公卿補任』天平宝字八年条、『続紀』天平宝字八年九月および十月条）。

760年（天平宝字四）6月の光明皇太后の死去によって、藤原仲麻呂は専制支配の後ろ盾を失いました。孝謙太上天皇と道鏡が急接近し、淳仁天皇と対立すると、仲麻呂は危機感をつのらせ、ついに764年（天平宝字八）9月に挙兵しました。しかし、孝謙太上天皇側の迅速な対応によって緒戦に敗れ、地盤である近江から越前に逃れようとしましたが果たせ

第3章　律令官人制と行政組織　69

ず、命を落としました（藤原仲麻呂の乱）。その後、淳仁天皇は廃されて淡路に流され、孝謙太上天皇が再び即位（重祚）し、称徳天皇となりました。この乱において孝謙太上天皇側の軍事力の中心となったのが、孝謙太上天皇の親衛軍としての授刀衛の舎人でした。

　称徳天皇は、自己の権力の基盤強化を図るために衛府制度の改革を推し進め、765年（天平神護元）2月に、授刀衛を改編して「近衛府」とすると共に、外衛府（後述）の官人組織を定めています（『続紀』天平神護元年二月三日条）。近衛府の官人組織は、大将（1人）・中将（1人）・少将（1人）・将監（4人）・将曹（4人）などで、その下に近衛舎人400人が所属していました。創設当初は天皇の親衛軍として、内裏内の警衛など軍事・警察的活動を主に行い、大将の官位相当は正三位と衛府長官の中で最も高く、衛府の最上位に位置していました。807年（大同二）には、近衛府は左近衛府と改称されました（『類聚三代格』巻四大同二年四月二十二日詔）。

　《外衛府》　この令外の衛府が設置された時期は正確には分かりませんが、764年（天平宝字八）9月の藤原仲麻呂の乱直後には、『続紀』に「外衛大将百済王敬福」「藤原朝臣田麻呂為外衛中将」と見えていますので（天平宝字八年十月九日および二十日条）、乱勃発前後の近い時期に設置されたのでしょう。おそらく孝謙太上天皇・道鏡側勢力が、仲麻呂支配下の中衛府の軍事力に対抗するために、新たに創設した親衛軍だと思われます。

　仲麻呂の乱終息の翌年2月には、外衛府の官人組織が、大将（1人）・中将（1人）・少将（1人）・将監（4人）・将曹（4人）、その下に外衛舎人（人数不明）の所属と定められました（『続紀』天平神護元年二月三日条）。称徳朝においては、近衛府・中衛府と共に令制五衛府の上に位置する三衛府の一翼を担いましたが、近衛府・中衛府より大将（従四位上）以下の相当官位は低くなっていました。その後、772年（宝亀三）2月には廃止され、

外衛府の舎人は近衛府・中衛府・左右兵衛府に分配されました（『続紀』宝亀三年二月十六日条）。

　以上のように、765年2月には近衛府・中衛府・外衛府の三衛府の制度が整いました。この三衛府は、いずれも大将・中将・少将の三将官制をとり、将官の相当官位は令制五衛府の官人よりも相対的に高く、三衛府は令制五衛府の上位に位置づけられています。また、三衛府の兵力はすべて舎人であり、左右兵衛府の兵衛（舎人）800人を合わせると、舎人の兵員数は1600人を超えると思われます（外衛舎人の人数は不明）。衛門府・左右衛士府の衛士の合計が1600人程度ですので、この時期の衛府制度の改革により、衛府の兵士の主体が、農民より徴発される衛士から、地方豪族出身の舎人に移行する過渡期入ったと思われます（笹山晴生『前掲書』1975）。

第3章　律令官人制と行政組織　71

第4章　　律令官人の種類と採用制度

1 律令官人の種類

　律令国家は、中央集権的国家を形成・維持するための政治機構（官司機構）に参加する厖大な官人層の編成が不可欠でした。そのために官人機構の編成、官職の職掌・配置・相当位階などが、官位令・職員令（大宝令は官員令）で規定されていました。

　一般的に官人とは、中央の諸官庁と大宰府・諸国などの四等官（長官・次官・判官・主典）および品官（四等官とは別系統の特殊な職掌をもつ主要ポスト）を意味し、支配機構の中心的存在で、官員令には諸臣の位30階（正一位〜少初位下）の各階の官位相当の規定が載せられており、職事官とも呼ばれています。現行の国家公務員制度でいうならば、特別職・指定職および行政職（一）の係長（4級）クラス以上の公務員と理解していただければよいでしょう（人事院規則9-42別表、同規則9-8別表第1）。

　しかし、現実にはもう少し広くとらえるべきであり、現行公務員制度での主事・主任クラス以下の一般職員や現業職員に該当する、中央・地方の「史生」（下級書記）・伴部（諸官司の特定の職務に係わる下級職員で、負名氏からの任用が原則）・使部（諸官司の雑務にあたる下級職員）や官人見習いといえる「舎人」、親王・貴族官人に与えられる公的従者である「帳内」「資人」（それらを総称して「雑任」とよぶ）なども含まれるでしょう。郡司の子弟の中から中央に送られ、兵衛府に配属されて平城宮の警護にあたる「兵衛」、また、在地で地方豪族や富裕農民から任用されて、国司のもとで地方行政を担う郡司（大領・少領・主政・主帳）、軍団の大毅・少毅、国博士および医師も官人の末端に位置づけてよいでしょう。

　なお、位階は持つが官職についていない「散位」の者は散位寮に登録され、六位以下は散位寮に出勤し、臨時の雑使にも任ぜられますので、

やはり官人とみなされます。

　当時の官人の勤務形態から、一定の日数ごとに休暇がある常勤の官人（長上官）と、交代で勤務する非常勤の官人（番上官）の区分があり、前者は諸官司の四等官クラスであり、後者は雑任クラスが該当しています。また、官人の任官区分よる官職には、勅任（天皇の勅による任命）として大納言以上・左右大弁・八省の卿・五衛府督・弾正尹・大宰帥、奏任（太政官で決定し奏上して任命）としてその他の職事官・郡司大少領・軍団大少毅など、判任（太政官が任命）として家令・郡司主政・主帳など、式部判補（式部省が任命）として舎人以下の史生・使部・帳内・資人という等級がありました（選叙令3任官条）。職事官は、いずれも勅任および奏任に入っています。

2　律令官人の任用方法

　律令国家の支配機構に参加すること、今日的に言えば、国家公務員になることを「出身」と呼んでいます。現在の日本では、任用の根本基準として成績主義（国家公務員法33条1項）を掲げ、人事院規則（8-18）に則って「平等取り扱い」の原則（国家公務員法27条）下で、競争試験という形で行われていますが、律令制社会においても選考基準に官人個人の徳行や才能をあげ（選叙令4応選条）、平等・能力主義とはいえないまでも、一定の資質を備えた者を採用するシステムをとっていました。しかし、他方で蔭位制度（後述）に代表されるように、官人組織への参加・昇進、さらには到達できる地位の限界などが法に組み込まれ、貴族官人の政治的地位の再生産の構造を可能にしたように、身分・階層によるルールの差別化が制度として明確にされていたことも見逃せない事実です。

　律令国家のもとで官人になる方法（コース）は、おおよそ以下のように

第4章　律令官人の種類と採用制度　75

なっていました。

① 省試—貢挙（任官試験）による任用

② 舎人（官人見習い）からの任用

③ 蔭位制による任用

④ 勅旨による特別任用

　①は、大学寮（定員400名）での学業修了者（挙人）と国学卒業者など国司の推薦を受けた者（貢人）が式部省の官人登用試験を受ける方法（考課令70秀才条〜75貢人条）です。

　大学寮において学生は、10日に1度「旬試」という定期試験を受け、1年に1度「歳試」という年度末試験に合格して初めて「挙」という推薦が得られます。この試験に3度落第すると退学となりました（学令8先読経文条）。なお、大学寮への入学資格は、五位以上の子孫・東西史部の子および位子（内六位〜八位の官人の嫡子）で特に希望する者（学令2大学生条）、さらに、国学で優秀な成績を修め、大学寮入学を希望する者（学令11通二経条）で、式部省の試験に合格することでした。

　式部省の登用試験（省試）には、秀才科・明経科・進士科・明法科の四科（考課令70〜75）があり、合格した試験の科別によって正八位上〜大初位下に叙されます（選叙令30秀才出身条）。なかでも秀才科の試験は超難関とされ、方略策という課題論文2題が出題され、文章および内容の両面から評価されました。8世紀前半から10世紀前半までに、合格者はわずか65名といわれています（『類聚符宣抄』）。秀才科・明経科の受験成績は9等級（上上〜下下）に評価されますが、上位の4等級（上上〜中上）が合格となります。ちなみに学問の神様・菅原道真は、870年（貞観十二）に26歳でこの方略策（省試）に合格しましたが、成績は「中上」すなわち最下位ランクの位置づけでした。菅原道真が受けた試験問題およびその答案（論文）の評価（『都氏文集』巻五）、さらには道真の論文（『菅

家文章』巻第八）が伝えられています。

　その他の省試は、明経科は経書（儒教の正典）の四部についての試問、進士科は『文選』『爾雅』からの試問と政治の要務に関する論文、明法科は律および令に関する試問がなされました。不合格者は大学寮に戻され、在学９年を越えると退学（学令８先読経文条）となりました。なお、明書科・明算科については、令にそれに対応する試験が規定されていないので、大学寮での試験をパスすれば任官ができたようです。

　各科の試験の成績によって、それぞれ位階を授けられますが、秀才科および明経科の成績「上下」「中上」の者は、留省として式部省に留められ、時機をみて任官することになります。

　このコースは、蔭位制の恩恵を享受できない内六位〜内八位の中下級官人の嫡子（位子）にとっては魅力あるものであり、成績優秀者は太政官の弁官（諸司・諸国からの文書の受付、命令の伝達）や外記（詔書の作成、論奏・奏事の草案作成）などの主要な実務官僚の道を歩むことが可能になります。

ただ、最難関の省試合格による任官よりも蔭位による任官のほうが有利に設定されていることから、奈良時代においては、蔭位制の恩恵を受けられる上級（貴族）官人の子弟はあまり大学寮に入学しなかったといわれています。大学寮入学者の主流は東西史部（文筆を世襲とする氏）の子弟で、位子には特別志願で入学が許されていたことからしても、大学生を経て試験によって任官する場合の位階が蔭位より低く設定されていたこともうなずけます（中村順昭『前

表7　合格者叙位表

科	成績		位階
秀才	上	上	正八位上
	上	中	正八位下
	上	下	留　省
	中	上	留　省
明経	上	上	正八位下
	上	中	従八位上
	上	下	留　省
	中	上	留　省
進士	甲		従八位下
	乙		大初位上
明法	甲		大初位上
	乙		大初位下
算	甲		大初位上
	乙		大初位下
書	甲		不明
	乙		

第４章　　律令官人の種類と採用制度　　77

掲書』2008 年）。

　②では、位子クラスの者は大舎人・兵衛・使部などの雑任クラスの下級官人として採用され、内分番として扱われます。蔭子孫クラス、とりわけ三位以上の官人の子は無条件で内舎人（内長上）に採用されます。藤原武智麻呂・仲麻呂の兄弟など、奈良時代を代表する貴族官人のほとんどが、このコースから政界・官界へと出発しています。また、三位以上の官人の孫さらに四・五位の子および孫は、本人の能力・容儀によって一部は内舎人に、他は大舎人・東宮舎人・中宮舎人（いずれも内分番）に採用されます（軍防令 46 五位子孫条）。

　蔭子孫・位子などの仕官有資格者は、出身年齢以前の 17 歳ごろからいずれかの官司に、通常は舎人として出仕（入色）しますが、通常の授位の最低年齢が 25 歳（選叙令 34 授位条）であり、内分番の昇進の評定年数（選限）が 8 年であることが、その年齢の要因でしょう。ただ、奈良時代のある時期には、蔭位で出身する者と同様に 21 歳で運用されていたようです（『令集解』巻十七授位条古記）。

　地方の有力農民など（白丁）が官途を得るには、この舎人（おもに帳内・資人）からの任用がポピュラーな方法であったと思われます。中央官司の下級官人に庶人を任用することについての規定は存在しませんが、軍防令 48 帳内条にはつぎのように記され、

　　　凡そ帳内には、六位以下の子及び庶人を取りて為よ。

帳内および資人に任用することが許されていたようです。8 〜 9 世紀において各種の下級官人に白丁から任用されていたことは、史料（正倉院文書など）の上からも知られています。

　造東大寺司の管下の写経所へ写経生として出仕する白丁の貢進文（推

薦文）が残っていますが、その貢進者（推薦人）には造東大寺司および写経所の関係者が多く、被貢進者（被推薦人）との関係は同族や知人であったりしています（井上薫『奈良朝仏教史の研究』吉川弘文館　1966年）。白丁が下級官人として出身する場合には、出仕する官司の関係者に縁故関係があることが有利な条件であったと思われます。そのことからも、帳内および資人となる場合も同様であったのでしょう。

　白丁は、官司に白丁身分のまま出仕を始め、これが官司に把握されると「未選」（勤務評定を受けない非常勤待遇の官人）と呼ばれる状態となり、さらにその官司から式部省に申請され、式部省から正式に下級官人に補されて考課（勤務評定）の対象となったと思われます。技術官人の教習の場合と同様に、官人の採用が各官司の現場に一任されていたようです（中村順昭『前掲書』2008年）。

　一般的には、無位の舎人として考課を受け初めて叙される位階は、蔭位を得る者を除けば、ほぼすべてが初位でした。初位は主典クラスの相当位であると同時に、官位相当制の枠外の史生など雑任の位階としても位置付けられています。それ故か、初位の雑任は、官人機構の末端に位置づけられながら、課役の免除と考課を得ること以外には官人としての諸特権から多くの点で除外されていました。また、昇進コースでみた場合、蔭子孫は内分番のポストを経ることなく判官級官人に任官しますが、位子・白丁出身者は内分番の史生クラスを履んで主典クラスに進み、以後、散位になる者が多く、判官クラスに昇進することは例外でした（土田直鎮『奈良平安時代史研究』吉川弘文館 1992年）。

　③は、①および②の出身方法とは性格を異にしています。蔭位制とは、上級（貴族）官人としての父祖の位階だけを条件として、その子（蔭子）および孫（蔭孫）が従五位下〜従八位下の蔭階が授けられる制度（選叙令38五位以上子条）で、父祖の位階と蔭階の関係は表8に示しておきました。

表8　蔭位一覧表

蔭階		授与位階
一位	嫡子	従五位下
	庶子	正六位上
	嫡孫	正六位上
	庶孫	正六位下
二位	嫡子	正六位下
	庶子	従六位上
	嫡孫	従六位上
	庶孫	従六位下
三位	嫡子	従六位上
	庶子	従六位下
	嫡孫	従六位下
	庶孫	正七位上
正四位	嫡子	正七位下
	庶子	従七位上
従四位	嫡子	従七位上
	庶子	従七位下
正五位	嫡子	正八位下
	庶子	従八位上
従五位	嫡子	従八位上
	庶子	従八位下

蔭位制によって授けられる位は、従五位の庶子でも従八位下であり、上述の超難関の秀才の合格者でも正五位の嫡子と同じ正八位下を授けられるに止まりますので、彼らは官人として極めて有利なスタートを切ることになります。706年2月には、別勅によるケースを除き、大学寮での一定期間の勉学か、諸舎人として一選限の勤務を経て、蔭階をうける方式となり（『続紀』慶雲三年二月十六日条）、叙位の年齢は21歳以降になることが一般的でした。その一例を挙げれば、藤原不比等の第一子武智麻呂が蔭位によって正六位上に叙せられ、かつ内舎人となったのは22歳の時であり、その4年後には従五位下に昇進しています。初叙位からわずか4年、弱冠26歳で上級官人の仲間入りをしています。一方で、令の規定では外位の蔭位は内位と同じこととなっていましたが、神亀五年(728)三月二十八日の格により、外位の子の蔭位は、外正五位の嫡子を従八位上、庶子を大初位上、外従五位の嫡子を従八位下、庶子を大初位下に引き下げられました（『類聚三代格』巻五定内外五位等級事）。

　奈良時代と社会制度自体に基本的相違がありますので、直接的な比較にはなりませんが、現在でも国家公務員総合職採用者（一般にキャリアと呼ばれている）は、採用時点で主任の職務（3級1号俸）に格付けされ、おおむね採用後3〜4年で係長級、7〜8年で課長補佐級に、同一採用年

次の者がほぼ一斉に昇進するシステム（『公務員白書』平成25.年度版　人事院編）を思い浮かべてしまうのは、筆者だけでしょうか。

　この制度は、天皇権力の世襲との関係に基づく中央有力諸氏族を支配層とする律令官人システムが、官位を軸として律令条文の体系に組み込まれることで、その支配システムを後代に維持することにありました。すなわち、上級（貴族）官人の貴族官人層からの再生産を法的に保証する基本的かつ重要な方法の一つだったのでしょう。

　④は、即位・改元などの国家的慶事、乱・変における論功行賞、遣唐使への慣例的特授など、あくまでも特別な叙位・任官ではありますが、政治的・社会的・経済的な変動のなかで、少なからず行われたことも事実です。たとえば、相撲の名手である高麗朝臣福信が内竪所に召され、ついには従三位まで昇進したこと（『続紀』延暦八年〈789〉十月十七日条）、また、石村村主石楯が藤原仲麻呂の乱（764年）における活躍により、大初位下から一挙に14階上位の従五位下が授けられ（『続紀』天平宝字八年十月七日条）、貴族階層に列せられたのもその一例でしょう。しかし、このような叙位は極めて異例であり、官人たちがこのようなチャンスに恵まれるのは、宝くじの一等に当たるに等しいことです。

　このような特別な叙位・任用においては、今までの慣例を破ることもあります。橘奈良麻呂の変（757年）の論功行賞で、従八位上上道臣斐太都が一挙に15階上位の従四位下が授けられたこと、藤原仲麻呂の乱において、従七位下牡鹿連嶋足が同じく従四位下に叙されたことなど、六位以下の下級官人が五位以上の上級（貴族）官人に昇叙するときは、必ず従五位下あるいは外従五位下にいったん叙されるという慣例（選叙令9遷代条）が破られています。

3 献物・献金による叙位・任官

　渡来系氏族出身の陽胡史真身（養老律令の撰修に参加）は、東大寺大仏
建立に関わって銭1000貫と牛一頭を献上し、748年2月に外従五位上
から従五位下を受けて入内し、晴れて貴族（上級官人）の仲間入りができ
ました（『続紀』天平二十年二月二十五日条）。このように、銭・物などを献上
して位階を得ることを「献物叙位」と呼んでいます。要するに売位・売
官の制度です。彼が献納した銭1000貫とは、米1升（現在の4合）の代
価が5文の時代（天平勝宝3年11月の相場）、2000石（現在の800石）が買え
る金額です。官人としての給与のみでは献上が不可能な金額と思われま
す。

　東大寺大仏建立に関わって、献物叙位により外従五位下を授けられた
人物を『東大寺要録』巻2造寺材木知識記および『続紀』天平19年条・
同20年条、天平勝宝元年条・同5年条より、以下の10名が確認できます。

大初位下河俣連人麻呂	河内国	銭1000貫
無位砺波臣志留志	越中国	米3000石（東大寺要録では5000石）
外大初位下物部連子嶋	不　明	銭1000貫・車12両・牛6頭
外従六位下甲可臣真束	近江国	銭1000貫
外少初位上大友国麻呂	近江国	稲10万束・屋20間・倉53間・
		栗林2町・家地2町
従七位上漆部伊波	相模国	商布（フキン）2万端
外従八位他田舎人部常世	信濃国	不　明
外従八位小田臣根成	不　明	銭1000貫・車1両・鍬200柄
従六位上田辺史広浜	上野国	銭1000貫
無位板持連真釣	河内国	銭1000貫

その当時、外位とは言え貴族階層（上級官人）である五位の位階を授か
るための献金の相場は 1000 貫程度であったのでしょうか。彼等の多く
は地方豪族（郡司層）で、農業経営（営田）と高利貸し（出挙）によってそ
の富を蓄積したのです。

　献物叙位は、722 年閏 4 月に出された、陸奥鎮所への私穀の運輸を募
り、その代償に官位を授けるという太政官奏（『続紀』養老六年閏四月二十五
日条）から始まり、大仏鋳造・国分寺創建期が第一のピークとなり、藤
原仲麻呂政権（757 ～ 764）下では一時下火となりますが、称徳・道鏡政権
（767 ～ 770）下の西大寺造営期に第二のピークを迎えます。この時期の献
物叙位による収入は、大事業に必要な膨大な労働力と財政支出との補完
に充てられるなど、租税外収入の主力をなしていました。その間、中央
の富裕な下級官人・地方豪族・富裕農民たちが、その蓄財を国家的事業
に献上し、官人体制内での地歩上昇を志向し、貴族官人的な地位を獲得
し、在地での実質的支配を固めていきました。地方豪族や富裕農民から
中央の貴族（上級）官人層が就任すべき官職に起用される者が現れまし
た（野村忠夫「献物叙位をめぐる若干の問題─各政権の政策と官人構成の視角から」『日
本古代の社会と経済』下吉川弘文館 1978 年）。

　売位売官制度としてもうひとつ「蓄銭叙位令」があります。この法律
は、銭貨普及政策の一環として、711 年（和銅四）10 月に発布されました。
当時、律令政府の大きな関心は、支払い手段としての銅銭を使い続ける
ことにあり、銅銭による支払を円滑に行うためには、支払いを受けた人々
が支払われた銅銭をつぎに使える条件を作ることが必要です。この法律
によって、下級官人たちは、位階を得るために銅銭を集め、銭貨は社会
の中で動き始めます。律令政府のねらいはそこにありました（栄原永遠男
「和銅開珎の流通」『新版日本の古代 6』近畿Ⅱ角川書店 1992）。当初は有位者のみが

対象でしたが、同年12月に改定され、無位・白丁までに対象が拡大されました。法律施行直後の同年11月には、早くも蓄銭の人に叙位がなされています。ただし、この叙位が現在知られる唯一の実施例でもあります。

　こうした売位売官制度により、律令位階制における五・六位以下の位階を実質のないものとしていくことになっていきます。

　このほかに、出身をする上で何の特権も有しない人々も存在しました。むしろこれらの人々のほうが大多数を占めていました。具体的には、蔭子孫および位子の範囲に入らない人々、先にも少しふれましたが、「白丁」と呼ばれている階層の人々です。六位〜八位の中下級官人の庶子や孫たちも含まれますが、主体は一般の庶民であり、ただ官人システムに参加が許されるだけで、最底辺で律令国家体制を支える役目を負わされていました。

表9　蓄銭叙位令の内容

位　階	蓄銭額	規　準
五位以上 正六位	10貫以上	臨時に勅を聴け
六〜八位	10貫以上 20貫以上	位1階をすすめる 位2階をすすめる
大初位以上 初　位	10　貫 5貫ごとに	従八位下を授ける 位1階をすすめる
無　位 白　丁	7　貫 10　貫	少初位下を授ける 少初位下を授ける

（和銅4年12月の追加法も加えて示す）

第5章　律令官人の勤務条件とその実態

1 律令官人と勤務時間

　平城宮の諸官庁に勤める官人たちの勤務時間はどのようになっていたのでしょうか。1200 年余も前のことですので、そもそも勤務時間などという概念はなく、支配者の恣意により無定量に働かされたと思われる方も多いかもしれません。そこで、次の史料を見ていただきたい。公式令 60 京官上下条に次のような規定があります。

　　　凡そ京官は、皆開門の前に上で、閉門の後に下れ。外官は、日出でて上で、午の後に下れ。務繁くは、事を量りて還れ。宿衛の官は、この例に在らず。

　また、宮衛令 4 開閉門条にも次のような規定があります。

　　　凡そ門開き閉てむことは、第一の開門鼓撃ち訖りなば、即ち諸門開け。第二の開門鼓撃ち訖りならば、即ち大門開け。退朝の鼓撃ち訖りなば、即ち大門閉てよ。昼の漏尽きて、閉門の鼓撃ち訖りなば、即ち諸門閉てよ。

　これによると第一の開門鼓で宮城門を開き、第二開門鼓で大極殿および朝堂院の大門を開き、そして退朝鼓で大門を閉じ、日没の鼓で宮城門が閉じられます。この規定により、京官については、第二の開門鼓の打れる前に職場に到着していなければなりません。また、勤務終了時刻は退朝鼓の打れる後となります。外官（地方官）は、「日の出」から「正午」までが勤務時間とされています。具体的な時刻としては、寅の

一点つまり午前３時頃に第一開門鼓が打たれて朱雀門などの宮城の門が開き、卯の四点つまり６時半頃に第二開門鼓が打たれて朝堂院や大極殿の門が開かれます（『令義解』巻５宮衛令開閉門条）。さらに季節による日の出時刻の変化に応じて、各鼓の時刻が詳細に規定されており、出勤時刻の基準となる開大門は、日の出後、約45分を経て打たれ、退朝鼓はその３時間半ないし４時間後に打たれるとされ、勤務時間は４時間前後となっていたようです。このあたりの事情をもう少し詳しく見てみましょう。

　『延喜式』巻十六陰陽寮条には、１年が40の時期に区分され、各々の時期に対して「日の出」「日の入」の時刻と「宮門」開閉の鼓を打つ時刻が記されています。それを現在の時刻に換算してみると、諸門の開かれる時刻は、冬至の日には６時48分、夏至の日には４時30分、春分・秋分の日にはともに５時42分で、１年を通して２時間18分の違いがあり、日の出の18分前に諸門が開かれます。そして諸門が開かれてから63分後に大門が開かれます。また、『退庁』時刻は、冬至の日には11時18分、夏至の日には９時24分、春分・秋分の日にはともに10時24分となり、これにより勤務時間は、冬至の日には３時間27分、夏至の日には３時間54分、春分・秋分の日にはともに３時間39分となり、１年を通して30分以内の相違しかありません。諸門が閉じられる時刻は、冬至の日には17時６分、夏至の日には19時27分、春分・秋分の日にはともに18時18分となり、日の入の18分後となります（斉藤国治『延喜式』にのる日出日入、宮門開閉時刻の検証」日本歴史533号）。

　上記のように、平安初期の官人は午前中の３時間半ないし４時間の勤務となっていましたが、奈良時代においても大きな変化はないと思われるので、昼前には退庁していたことになるでしょう。『日本書紀』大化三年 (647) 条にも、

第５章　律令官人の勤務条件とその実態　　87

凡そ位有ちあらむ者は、要ず寅の時に、南門外に、左右羅列りて、日の初めて出づるときを候ひて、庭に就きて再拝みて、乃ち廰に侍れ。若し晩く参む者は、入りて侍ること得ざれ。午の時に到るに臨みて、鐘を聴きて罷れ。

とあり、古代日本においては、官人の勤務は早朝からお昼までと決まっていたようです。なお、時刻は中務省陰陽寮において漏剋博士が「漏刻」と呼ばれる水時計で計り、鐘または鼓によって知らせるシステムになっていました。

　このように現在の官庁の勤務開始時刻と比べると、ときには4時間近くも早く出勤する官人は、まず東と西の朝集殿に集まり点呼を受けたのち、その北に位置する朝堂院に入って実務に励むことになります。ただ、朝堂院では上申すべき大事なことだけを処理し、日常の細々とした職務は各自が所属する官庁の職場（曹司）で行われたようです。したがって、正午前後での退庁というのは朝堂院内での職務が終わるという意味で、1日の勤務が終了するのではないと思われます。正倉院文書にみえる東大寺写経所の上日帳（出勤簿）にも次のように記されています（『大日古』24-518)。

大初位上錦部小豆君麻呂　八月 日十四 夕十三　九月 日十 夕九　十月 日二 夕一　十一月 日六 夕五

（以下略）

　午前中の勤務は「日」、午後の勤務は「夕」と解される記述が残っています。つまり今でいう超過勤務が存在していたことがわかります。「夕」が日没後の夜勤と理解できないこともありませんが、植物油を灯油とし

た燈明皿をそのまま火皿として台架の上に載せた「結灯台」や「切灯台」の明るさは 10 ルクス程度であった当時の照明事情からすれば、やはり日没までの午後の勤務と理解すべきでしょう。

さらに、衛門府や衛士府など平城宮の治安維持にあたる兵士は当然ですが、一般官人でも非常時などに対応するために宿直の輪番規定もあり（公式令 59 百官宿直条）、各官司の判官がその管理をすることが規定されています（職員令 1 神祇官条）。宿直を怠った場合の制裁も規定されています（職制律 4 在官応直不直条）。現に、大学寮に勤務していた紀朝臣直人という官人が、770 年（神護景雲四）8 月 30 日に宿直したことを示す木簡が出土しています（木簡学会編『木簡研究』第 9 号 1987 年）。

　　「大學寮解　　　申宿直官人事 _{小允従六位上紀朝臣直人
神護慶雲四年八月卅日}」

通常勤務では宿直はなく正午前後で退庁する上級官人（従四位下以上）がいた一方で、現在同様に、セブン・イレブン的サラリーマン生活を当時の中下級官人も強いられていたようです。錦部小豆君麻呂（経師）のように写経所に勤める下級官人の多くは単身赴任で宿舎生活で勤務していたことから、さらに厳しい勤務が予想されます。その例として、長屋王家で舎人として働いていた出雲臣安麻呂の勤務評定の木簡をあげておきます（木簡学会編『木簡研究』第 11 号 1989 年）。

　　无位出雲臣安麻呂 _{年廿九
山背国乙当郡}　　　上日 _{日三百廿
夕百八十五}　　『并五百五』　」

彼の 1 年の勤務日数（上日）は、通常勤務日が 320 日・超過勤務日が 185 日で、合計 505 日にもなっています。閏月のない年の休日（後述）を除いた勤務日は 264 日、閏月があればその分が加算されても勤務日が

294 日を超えることはあり得ないので、休日にも勤務を命じられていたのでしょう。

2　律令官人と休日・休暇制度

　夜明け直後から日没まで、ときにはそれ以上に及んだ中下級の官人たちの長い勤務時間。これが毎日休むことなく続いていたとするならば、天平の官人たちの大半は「過労死」の危機にさらされていたことになるでしょう。現在の国家公務員は、週に 2 日の休日と年間 20 日の年次有給休暇（前年の残余日数が繰り越され、最大 40 日）が認められています。その他にも特別休暇として、数種類の休暇が認められています（勤務時間法および人事院規則）。

　これは労働者が労働から開放されることにより、疲労回復や人間性を取り戻すことを主眼としています。ところで、1200 年以上前の奈良時代はどうであったのでしょうか。

　次の史料は、奈良時代の官人の休日・休暇を規定したものです（假寧令 1 給休假条）。

　　　凡そ在京の諸司には、六日毎に、並に休假一日給へ。中務、宮内、供奉の諸司、及び五衛府には、別に假五日給へ。百官の例に依らず。五月、八月には田假給へ。分ちて両番為れ。各十五日。其れ風土宜しきを異にして、種収等しからずは、通ひて便に随ひて給へ。外官は此の限りに在らず。

　この史料の前段は、在京の長上官の休日を規定したもので、6 日に 1 日の休暇（六假）が定められ、6 日・12 日・18 日・24 日および晦日の

90

５日が通常の休日のようです（山田英雄『日本古代史攷』岩波書店 1987 年）。こ
のほか在京の長上官ではありませんが、大学寮の学生の休暇は「旬毎に
一日休暇放せ」（学令 8 先読経文条）、防人は「十日に一日の休暇放せ」（軍
防令 63 休假条）とあるように、10 日に 1 日の休日が与えられていました。
ただし、在京の諸司のなかでも中務省・宮内省・供奉諸司と五衛府は別
の方法（ローテーション方式か）で休日が与えられていたようです。なお、
現代の公務員の休暇制度（一般職の職員の勤務時間、休暇等に関する法律）にも
規定されているように、当時においても急を要する場合などには、休日・
休暇に拘束されることなく勤務が優先される規定も存在しました（公式
令 61 詔勅条）。この六假は休日にあたりますので、所属官司に申請する必
要はありません。

　前記史料の後段は、５月および８月の農繁期には、在京の長上官に交
替で各 15 日の農繁休暇（田假）を与えることを規定したものです。当時
の官人の多くが都市生活者であると同時に出身地（本貫）では農民とい
う、生活実態を浮き彫りにしています。

　六假と田假の規定の対象は在京官人（京官）であり、外官（国司・郡司な
どの地方官人）には適用されません。京官を対象とする優遇政策でしょうか。

　假寧令には、六假・田假以外にもいくつかの休暇が規定されています
ので、以下簡単に述べたいと思います。

・　凡そ文武官の長上の者、父母畿外に在らば、三年に一たび定省の假
　　卅日給へ。程除け。（同令 2 定省假条）

　長上官である官人の親が畿外（大和・摂津・山城・河内・和泉以外の七道諸国）
に住んでいる場合には、ご機嫌伺のために３年に１回 30 日の休暇（定省
假）が認められていました。往復の旅程はこの期間には含まれません。

・　凡そ職事官、父母の喪に遭はば、並に解官せよ。自余は皆假給へ。夫、
　　及び祖父母、養父母、外祖父母には卅日。三月の服には廿日。一月

の服には十日。七日の服には三日。（同令３職事官条）

　現在では忌引とされている休暇（喪假）です。職事官の場合、父母の死にあえば自動的に休職とされ、夫・祖父母・養父母および外祖父母の場合には 30 日、嫡子の場合は 20 日、嫡孫の場合は 10 日、甥・姪の場合は３日の休暇が認められていました。

　・　凡そ師は、業受くるを経たる者の喪には、假三日給へ。（同令５師経
　　　受業条）

　大学・国学および典薬寮の恩師（諸博）の喪についても３日の休暇が認められています。儒教的精神が重んじられていたからでしょう。

　・　凡そ外官、任し訖りなば、装束の假給へ。近国には廿日、中国に
　　　は卅日、遠国には卌日。並びに程除け（同令 13 外官任訖条）。

　官人の転勤についても、外官として任国に赴任する準備のための休暇（装束假）が認められています。平城京から任国までの距離により、近国には 20 日・中国には 30 日・遠国には 40 日と規定されています。

　さらに、私用で休暇を取得することも可能でした。

　・　凡そ假請はむことは、五衛府の五位以上には、三日給へ。京官三位
　　　以上には、五日給へ。五位以上には十日給へ。以外、及び畿外に出
　　　でむと欲はば奏聞せよ。其れ奏すべきに非ざらむ、及び六位以下は、
　　　皆本司判りて給へ。奏すべくは、並に官申聞せよ（同令 11 請假条）。

　私用などで休暇を請求する場合には、休暇願（請假解）を所属官司に提出して許可を得ることになりますが、衛門・左右衛士府の長官および次官、左右兵衛府の長官には３日、京官の五位以上の官人には位に準じて 10 日までが認められ、六位以下の官人の場合は所属官司の判断に任されていました。畿外に出る場合や限度を超える休暇願の場合は、文官であれば式部省、武官であれば兵部省を経て太政官より奏聞がなされます。なお、休暇期間の上限は 15 日で、大臣および大納言には原則的に

私用の休暇は認められていませんでした（『続紀』大宝元年（701）五月七日条の詔）。

このほか先代天皇の崩御日が「国忌」とされ、追善供養の斎会を行うため政務が停止されることもありました（儀制令7太陽虧条）。

このように大宝・養老令に成文化された「休日・休暇制度」は、官人制度にかなり早い段階から導入されていたと思われますが、その目的とした制度が十分に機能し、当時の官人たちがのんびりと休日・休暇を楽しんでいたかどうかは、また別問題でしょう。

しかし、正当な理由なく欠勤した場合は、職制律5官人無故不上条に以下のような、現在ではあり得ない罰則規定（表10参照）があり、場合によっては、解官（懲戒免職）にもなってしまいます（『令集解』巻十七選叙令以理解条朱記）。

表10 官人の無断欠勤に対する罰則

職	制	律
1日	笞	20
4日		30
7日		40
10日		50
13日	杖	60
16日		70
19日		80
22日		90
25日		100
35日	徒	1年
45日		1年半

　凡そ官人、故無くして上せず、及び番に当りて到らず、若しくは假に因りて違へらば、一日に笞廿。三日に一等加へよ。杖一百に過せらば、十日に一等加へよ。罪止徒一年半。辺要の官は、一等加へよ。

3　律令官人のさまざまな休暇理由

　正倉院文書のなかには、東大寺の写経所に働く下級官人の請假解や不参解（欠勤届）が多く残されています。文書の性格上、造東大寺司・写経所関係のものがほとんどで、一般官人（長上官）についての直接的史料ではありませんが、当時の下級官人たちの生々しい勤務実態の一端を垣

間見ることができます。具体的にその実態を見てみましょう。

① 所定の仕事（写経）の終了を理由としたもの
　〈三嶋子公請假解〉（『大日古』6 − 123）

三嶋子公解し　申し請う假日の事

合はせて四箇日
　右、帙畢るに依りて、暇請うこと件の如し、以て解す。

　　　　　　　　　　　　　　　　　宝亀二年二月廿九日

（別筆）
「判許法師奉栄」

② 病気を理由としたもの
　〈嶋浄浜不参解〉（『大日古』4 − 338）

嶋浄浜解し　申す不参の事

　右、去る九月廿八日を以て、病により三箇日の暇日請い罷り退く
も、病いよいよ重く、立居に便ならず、乃りて更に五箇日の暇日請
うこと件の如し、以て解す。

　　　　　　　　　　天平宝字二年十月一日　付使尾張日足

③ 神祭を理由としたもの
　〈安宿廣成請暇解〉（『大日古』6 − 171）

安宿廣成謹みて解し　申し請う暇の事

合はせて三箇日
　右、私神祭祀なすべく、暇を請うこと件の如し、以て申す。

　　　　　　　　　宝亀二年四月十五日

（別筆）

「法師奉栄」

④　清衣（作業着）の洗濯を理由としたもの
〈大原国持請暇解〉（『大日古』4 - 347）
おおはらのくにもち

大原国持謹みて解し　請う暇日の事

合はせて五箇日

　右、穢れし衣服を洗すべく、暇日を請うこと前の如し、以て解す。

天平宝字二年十月廿一日

⑤　家屋の修理を理由としたもの
〈巨勢村国請暇解〉（『大日古』4 - 447）
こせのむらくに

巨勢村国謹みて解し　申し請う暇の事

　合はせて三箇日　「卅日を以て参る」（別筆）

　　右、破屋を修理すべきに依りて、件の暇日を請うこと前の如し。

乃て状を注し、謹みて解す。

天平宝字四年十月廿五日

（別筆）
「請いに依れ。　　　史生 下 道 福麻呂」
しものみちのふくまろ

　①は、写経所の経師である三嶋子公が、写経所での所定の仕事が終了
したことを理由として、４日間の休暇を申請したものです。「判許」と
あるので、休暇が認められたのでしょう。一般に写経所に勤める経師た
ち（番上官）は、２〜３ヵ月の連続勤務で所定の仕事をやり終えると、数
日の休暇を取っていたようです（栄原永遠男「平城京住民の生活誌」『日本の古代
史9 都城の生態』中央公論社 1987 年）。家に帰って（退家）家族と共につかのま
の幸せを満喫していたのでしょうか。それは定かではありません。
　②は、本人が病気のために出された欠勤届（不参解）です。写経所の経

第 5 章　律令官人の勤務条件とその実態　　95

師である嶋浄浜は病気のため9月28日から3日間休暇をとったが、病状は悪化するばかりで起きることもままならない状況なので、さらに10月1日から5日間の休暇を申請したものです。このほかにも、家族や親族の病気を理由とした請暇解や不参解が多く残されています。

③は、経師の安宿広成が氏神の祭祀のために3日間の休暇を申請したものです。氏神の祭祀は秋と春、一般には11月と2月か4月のどちらかで行われていましたが、安宿氏は4月を恒例祭としていたようです。生活のなかでの信仰の深さを示す興味深い史料でもあります。現在でも、特別休暇として「父母の追悼のための特別休暇」（勤務時間法19条・人事院規則15-14第22条）が規定されていますが、これに該当するものでしょう。

④は、写経所の舎人であった大原国持の支給された作業着（浄衣<ruby>浄衣<rt>じょうえ</rt></ruby>）が汚れたため、それを洗濯するために5日間の休暇を申請したものです。大原国持のような写経事業に従事する下級官人には、写経所から汗衫<ruby>汗衫<rt>かざみ</rt></ruby>（上半身用の下着）・褌布<ruby>褌布<rt>こんふ</rt></ruby>（下半身用の下着）・単衣の袍袴<ruby>袍袴<rt>ほうこ</rt></ruby>（上着とズボン）・湯帳<ruby>湯帳<rt>ゆちょう</rt></ruby>（入浴用の湯もじ）・冠・襪<ruby>襪<rt>したぐつ</rt></ruby>（靴下）がセットとなった作業着が支給されていました。しかし、多くを支給されていたわけではなく、一着を相当長く着つづけていたようで、汗と垢にまみれ、また、ほころびの修繕も必要となり、休暇を申請したものです。正倉院文書の中には、衣類の洗濯を理由とした請暇解が13例も残されており、当時の労働条件の悪さを反映しているといえるでしょう。

最後の⑤は、校生（経師の写した経巻の校正を行う）の巨勢村国が自宅の修繕のために3日間の休暇を申請し、それが認められたものです。ただし、「卅日を以て参る」と追記され、休暇明けの出勤日の確認がなされています。なかなか厳しい労務管理がなされています。

正倉院文書に残されている200通を超える請暇解から休暇請求の理由を整理した表11をみていただくとわかるように、現在でも通常みられ

るものから、少々ズレを感じるものま
で、休暇請求の理由はさまざまですが、
そこから当時の官人の勤務実態の一端
を探ることは不可能ではないでしょ
う。

　厳しい労働環境からか、理由はとも
かく休暇期間が過ぎても出勤しない官
人もいたようで、その召集状（召文）が
正倉院文書（『大日古』14－444）のなかに
残されています。

表 11　休暇請求の理由

理　　　由		件数
病気	写経生本人	85
	妻子父母	8
	その他の親族	4
死亡	妻子父母	4
	その他の親族	8
神祭・仏事		22
計帳・田租をたてまつる		3
盗人に入られる		3
仕事の切れ目		52
衣服の洗濯		13
私的な理由		7
その他（内訳省略）		11
不明		28
計		248

複数の理由があげられている場合は
両方で件数に入れた。

**栄原永遠男「平城京住民の生活誌」『日本の
歴史 9 都城の生態』中央公論社 1987 年より**

　　奉写一切経所召す

　　　合弐拾陸人

　　経師、秦豊穂（中略）

　　　　右十二人、帙了りて假を請い、並びに限り日を過ぐ

　　安宿大廣（中略）

　　　　右十人、假を請いて限りを過ぐ

　　高市老人（浄衣を請い得るも、病と偽りて、未だ参らず）、刑部真綱（今月

　　廿一日より故なくして上らず）

　　装潢、能登忍人（浄衣を請い得るも、久しく限りの日を過ぐ）、石田嶋足（假

　　を請いて、限りを過ぐ）

　　以前の人等、並びに期限に違い、今に至るも未だ参らず。仍て、

　　坤宮官の今良上嶋津を差して、これを召す。

　　　　　　　　　　　（中　略）

　　　　　天平宝字四年九月廿七日　史生下道朝臣「福麻呂」

　外従五位下池原公　　　　　造東大寺司主典阿都宿祢「雄足」

呼び出された官人は、東大寺の境内にあった造東大寺司写経所の写経
生たちで、休暇の期限が切れても出勤しないため、この召文が出された
のです。彼らは休暇を取って、帰省していたのでしょう。どのような理
由があったにせよ、相当数の写経生が期日に出勤しない事実はたいへん
興味深い出来事です。

さらに、写経生が写経司に提出した待遇改善の要求書（『大日古』24 −
116）も残されています。

　写経所解し　申す司内穏便の事
一、経師を召すを且く停むる事
　　遺紙四千帳、写すべき紙四千帳、見経師廿人、廿五箇日単功五百
　　右、紙少なくて人多し、計ふるに必ず手を断たむ。請ふらくは、
　　且くは留めて、其の間に紙を設け、来る八月中旬、擬して惣て召
　　し集めむことを。
一、浄衣を換へむと欲する事
　　右、浄衣去年二月に給付さるに、或は壊れ或は垢つく。洗ふと雖
　　も尚臭し。
　　請うらくは、被及び帳を除く以外は、悉く皆改め換へむことを。
一、経師休暇の事
　　右、経師等願す。請うらくは、毎月一たびの休暇五日を。
一、装潢幷びに校生の食麁悪の事
　　右、比者黒飯を以て給う。請うらくは、改めて中品の精食を給は
　　むことを。
一、薬分の酒を請う事
　　右、案机に常に居りて、胸痛み脚痺れる。請うらくは、三箇日を

以て一度給度の酒を。

一、毎日麦給はむ事

　右、承前毎日麦給うに、就中之を断つ。請うらくは、前に依りて、毎日之を給はむことを。

以前、六条の事、経師の請願に随ひて、顕注すること前の如し。

謹んで処分を請う　以て解す。

　この6箇条からなる待遇改善の要求書は下書きのようですので、現実に造東大寺司に提出されたかどうかは不明ですし、ましてや彼らの要求が認められたとは思えません。けれども、日々の労働に対する切実な改善要求を要求書としてまとめ上げることができるような、律令官人機構の自由な雰囲気がそこからは読み取れます。

4　律令官人の身分表示としての制服

　さきに写経所で働く経師などの作業着について少し述べましたが、平城宮に勤務する官人の服装は法律によって細かく定められており、位の上下を服の色で表し、一見して身分が見分けられるようになっていました。身分表示を視覚的に訴える方法は、聖徳太子の冠位十二階に始まり、天武・持統朝には朝服（朝廷に出仕するときの官人の制服）が定められ、位階によって使用される色が決定されていました。位階によって序列をなすべきことが定められていた律令体制の確立する過程において、各官人が着用する衣服の色とあいまって、天皇と官人個々の距離、すなわち「位」という階層的序列を視覚に訴える効果を狙ったものと思われます。『続紀』大宝元（701）年三月二十一日条に、大宝衣服令の要約が記されています。

服制は、親王の四品已上、諸王・諸臣の一位の者は、皆、黒紫。諸王の二位以下、諸臣の三位以上の者は、皆、赤紫。直冠の上の四階（四位）は深緋、下の四階（五位）は浅緋。勤冠四階（六位）は深緑。務冠四階（七位）は浅緑。追冠四階（八位）は深縹。進冠四階（初位）は浅縹。皆漆冠・綺帯・白襪・黒革烏。その袴は、直冠以上の者は皆白縛口袴、勤冠以下の者は白脛裳。

702年（大宝二）正月1日に、文武天皇が藤原京の大極殿で朝賀を受けた際、親王と大納言以上の官人は大宝衣服令の規定により五位以上の者が祭祀や儀礼時に使用する礼服を着用し、それ以外の臣下の者は朝服を着用して臨みましたが、大極殿寄りの朝堂院には黒紫と赤紫の礼服が、南寄りには緋色の朝服と、色鮮やかに位による色分けがなされていたのでしょう。

平城京に都が移って8年後の718年（養老二）に藤原不比等らによって大宝律令が改正され養老律令が制定されますが、その衣服令には次のような規定があります。

諸臣の礼服（4諸臣条）
一位の礼服の冠。深き紫の衣。牙の笏。白き袴。絛の帯。深き縹の紗の褶。錦の襪。烏皮の潟。三位以上は、浅き紫の衣。四位は、深き緋の衣。五位は、浅き緋の衣。以外は並に一位の服に同じ。大祀、大嘗、元旦に、服せよ。

朝　服（5朝服条）
一品以下、五位以上は、並に皀の羅の頭巾。衣の色は礼服に同じ。牙の笏。白き袴。金銀をもて装れる腰帯。白き襪。烏皮の履。六位は、

深き緑の衣。七位は、浅き緑の衣。八位は、深き縹の衣。初位は、浅き縹の衣。並に皀の縵の頭巾。木笏。烏油の腰帯。白き袴。白き襪。烏皮の履。袋は服色に従へよ。

制　服（6制服条）

無位は、皆皀の縵の頭巾、黄の袍、烏油の腰帯、白き襪、皮の履。朝庭公事に、即ち服せよ。尋常には、通ひて草鞋着くこと得む。

服　色（7服色条）

凡そ服色は、白、黄丹、紫、蘇芳、緋、紅、黄橡、纁、蒲萄、緑、紺、縹、桑、黄、揩衣、秦、柴、橡墨、此の如き属は、当色以下、各兼ねて服すること得。

　衣服については、大祀・大嘗・元旦などの儀式のときに五位以上の者が着用する礼服、日常勤務のときに有位者が着用する朝服、そして、無位の者の制服が定められました。衣服令には、諸臣のみならず、皇太子・親王・諸王の礼服、さらには、従来には無かった内親王・女王・内命婦の礼服、内親王以下有位者の朝服および五位以上の官人の妻、武官である衛府の長官・次官の礼服、長官以下有位者の朝服（軍服）まで、位や職種によって細かく規定されています。

　ほとんどの階層で共通する衣服は白袴と烏皮舃（黒革靴）ぐらいで、そ

表12　古代服色表

	親王一～四品	諸王一位	諸臣一位	諸王二～五位	諸臣二・三位	四位	五位	六位	七位	八位	初位
大宝令	黒紫	黒	紫	赤	紫	深緋	浅緋	深緑	浅緑	深縹	浅縹
養老令	深紫	深	紫	浅	紫	深緋	浅緋	深緑	浅緑	深縹	浅縹

第5章　律令官人の勤務条件とその実態　　101

れ以外は位階によって材質・色調などに違いがありました。たとえば、礼服と朝服の上衣の色合いについて、大宝衣服令の黒紫を深紫として、赤紫を浅紫に変更することにより、すべての色を「深」と「浅」で表現しました。また、礼服については、親王の上に皇太子を置いたために深紫の衣の上に黄丹の衣がおかれました（衣服令1皇太子条）。笏については、五位以上は牙製で上端を切断した形ですが、六位以下は木製で隅丸の形となっていました。たとえば、五位クラスの官人の朝服は、黒の羅の頭巾・薄い緋の衣・牙製の笏・白い袴・金銀飾りの腰帯・白い足袋・黒皮の靴となり、無位の官人の制服は、黒の模様のない頭巾・黄色の上着・黒い帯・白い足袋・皮の靴となっていました。さらに武官についても、礼服では五位相当の衛府督佐および兵衛督の上衣には両腰にスリットが入っており、腰帯には金銀装のアクセサリーを付け、太刀も同様の外装をしていました（同令13武官礼服条）。兵衛督の靴は赤皮で、他の黒皮の靴と異なっていました。朝服も督佐・志・兵衛・主師・衛士に区分し、太刀は督佐以外は黒漆作りで、弓矢を持たなければならず、兵衛・主師は挂甲（鎧）を持ち歩かねばなりません（14武官朝服条）。このように一目で身分差が識別できるようになっていました。

　ただ、服色条では、位階相当以下の色についてその使用が許されていたし、『令義解』の諸説の解釈によると、服色条は公式な場での規定であり、私的な場での使用を拘束するものではなかったようです。そのような当時の解釈が作用したのか、早くも養老年間にはこの規定が守られなかったようで、官人の服装の乱れが相当に進み、律令政府は躍起になってその取り締まりにあたっています（『続紀』養老七年〈723〉八月二日条）。

　ところで、官人が着用する礼服・朝服の基本形は、天武朝の冠位制度の確立と同時に導入された中国式の服装で、袍とよばれる筒袖の上着とズボンにあたる袴との組み合わせです。袍は、詰襟形の盤領・筒袖・

右衽が基本形式の上半身用の外衣で、下半身用の外衣を袴と言います。また、上半身用の内衣を汗衫とよび、夏季には上着として用いられ、下半身用の内衣が褌です。貴族官人の衣服は、錦・綾・羅や臈纈・夾纈の絹を素材とした豪華なもので、正倉院に残る楽装束にその一端をみることができます。写経所の現場で働く下級官人には浄衣（前掲）が支給されましたが、経師・装潢や校生の場合は絁を用いた袷仕立で、その間に綿を入れたものでした。雑使には細布製の単衣、仕丁には租布製が支給されました。このように官人が公式行事で着用する服装と通常業務に着用する作業着とはおのずから別であり、また、普段着との区別もあったと思われます（関根真隆『奈良朝服飾の研究』吉川弘文館 1974 年）。法隆寺や唐招提寺に残されている落書きをみると、幞頭とよばれる帽子をかぶり、上着とズボンを身に着けていますが、それには何の飾りもありません。素服とよばれる無地無色の麻服で、それが下級官人の日常の衣服であったと思われます。

　律令国家の最高位に位置する天皇および皇后の服制については、衣服令には何の規定もありません。しかし、彼らの制服も奈良時代には定まっていたと思われます。

　礼服については、『続紀』天平四年 (732) 正月一日条に、大極殿での聖武天皇の受朝装束として冕服（中国皇帝の冠と礼服）を着用したと記されています。このときの冕服がどのようなものであったのかは定かではありません。また、752 年（天平勝宝四）4 月に営まれた東大寺大仏の開眼会には、聖武太上天皇・光明皇太后および孝謙天皇は白礼服で臨んだとされています（米田雄介「礼服御冠残欠について―礼服御覧との関連において」『正倉院年報』17　1995 年）。

　朝服については、天皇・皇后・皇太子についてまったく記されていません。しかし、皇太子の礼服が親王以下のものと似通ったものであった

ことからして、皇太子の朝服は、その位色が黄丹という以外は親王以下の朝服と大差はなかったとされています（増田美子『古代服飾の研究』源流社1995年）。

5　律令官人の給与体系

　古今の東西を問わず働く者として一番の関心事は、やはり給与のことでしょう。奈良時代の官人たちは、天皇への奉仕と職務遂行の代価に、位階・官職と上日によって、土地や現物給与を支給され、生計は国家財政に依存することになりました。それでは、いったいどの程度の給与を律令国家から支給されていたのでしょうか、興味あるところです。

　現代の公務員の場合は、毎年民間に準拠した給与水準の人事院（各県の人事委員会）勧告を受け、国家公務員は「一般職の職員の給与等に関する法律」、地方公務員は各都道府県および市町村の「給与条例」でその内容が決定され、「通貨」払いが原則となっています（給与法3条1項、地公法25条2項）。奈良時代の官人も、その大枠は「禄令」という法律で規定され、「現物」支給を原則としていました。その他、土地のかたちで支給される場合は「田令」、「人」を支給される場合については「軍防令」にそれぞれ規定されていました。その他、現代でいう諸手当なども当時から存在していました。

　律令国家からその支配層である律令官人に多種多様な「もの」が支給されました。国家組織を運営する機能としての官僚制を維持するために、律令官人の生活を保障する経済的な役割のみならず、天皇と君臣を結びつける紐帯としての政治的・精神的な役割を果たすために、特権的地位を付与する仕組みとなっています。律令国家に畿内有力豪族の経済基盤を収公された代償でもあり、その享受を当然とする観念が存在したと思

われます（山下信一郎『日本古代の国家と給与制』吉川弘文館 2012 年）。

　律令官人の給与制度については、高橋崇氏の極めて詳細かつ優れた研究（『律令官人給与の研究』吉川弘文館 1970 年）がありますので、以下、それに依拠して簡潔に内容を説明したいと思います。なお、律令用語としては、定期的に支給される季禄・位禄などは「禄」であり、それ以外の臨時に支給されるものを「賜」と呼んでいます。

【基本給的給与　季禄（きろく）】

　律令官人の通常の労働対価（報酬）としての季禄は、禄令 1 給季禄条につぎのように規定されています。

　　　凡そ在京の文武の職事、及び大宰、壱岐、対馬には、皆官位に依りて禄給へ。八月より正月に到るまでに、上（つか）へたる日一百廿日以上ならば、春夏の禄給へ。正従一位に、絁参拾疋、綿参拾屯、布壱佰端、鍬壱佰肆拾口。（中略）　秋冬も亦之の如く。

　季禄の対象となる官人の範囲・支給条件・位階別の支給品目とその数量・支給回数などが規定されています。「季禄」の初見は『続紀』慶雲三年（706）二月七日条ですので、7 世紀後半にはすでに使用されていたと思われます。支給品目の絁（あしぎぬ）・布・綿・糸は、当時の貢納制度の根幹をなすもので、現物貨幣として通用するものでした。

　季禄は、年に 2 回支給されます。支給の第一条件は官人の上日日数で、半年ごとに集計されます。春夏禄は、前年 8 月から今年正月までの 6 か月間に上日 120 日を超えた者に 2 月上旬に支給され、秋冬禄は、今年 2 月から 7 月までの上日を計り、8 月に支給されます。その場合、現に帯びている位階によるのではなく、官位すなわち現在就いている官職の相当位階に応じて支給されることになります。また、官職を複数兼任して

いる場には、相当官位が最も高い禄が支給されます（禄令4行守条）。文武の職事とありますので、散位および雑任には支給されません。

　番上官である兵衛および授刀舎人へは、6ヵ月の間に上日（日勤）・上夜（夜勤）それぞれ80日を超えれば、有位者は大初位・無位者は少初位に準じて支給されました（禄令8令兵衛条）。また、宮人（女官の総称）には官位相当規定がありませんので、支給のために各職の相当位が定められています（禄令9宮人給禄条）。

　官人の所属する各官司から、文官は式部省・武官は兵部省・宮人は中務省へ上日が報告されます。報告を受けた各省は、「禄文」（支給対象者の位階別人数・品目ごとの支給数など）を左弁官に提出し、左弁官は少納言に通告し、少納言は上奏して決済を受けます。その後、太政官は大蔵省に季禄支給を命じます。支給日には、官人自ら大蔵省に出頭し、支給儀式に参加することになっていました。

　なお、『続紀』和銅四年 (711) 十月二十三日条の季禄の改定と考えられる禄法の制定記事から、支給物の一部が銭貨での支給も行われていたようです（鷲森浩幸「季禄と時服」『ヒストリア』130　1991年）。

【身分的給与　位封・位禄・位田・位分資人】

　律令国家における官人の社会的地位の証として、天皇より「位」が授けられます。その位に対して支給される給与で、位封・位禄・位田・位分資人がそれにあたります。当然のことながら、散位であっても、五位以上の有位者であれば、これらの給与は支給されました。

　≪位　封≫　三位以上の上級（貴族）官人に支給される封戸（食封）で、公戸の租の半分と調・庸の全部が与えられ、戸からの仕丁（雑役にあたる農民）も用役できました（禄令10食封条・賦役令8封戸条）。706年2月には、四位の官人にも支給されることになり、全体として封戸の数が増加され

ました（『続紀』慶雲三年二月十六日条）。さらに、739年5月には、租の全額が支給されることになりました（同天平十一年五月三十日条）。

　また、封戸の支給地を分散したり、封戸を充てない国（禁国）を定める規定（延喜式巻二十二民部上）も存在しました。

　≪位　禄≫　四位および五位の上級（貴族）官人に、封戸の代物として、絁・綿・布・庸布を支給するものです（禄令10食封条）。「位禄」という表現は禄令にはありませんが、『続紀』慶雲二年（705）十一月四日条に見えますので、大宝令制定直後から使用されていたと思われます。女子の有位者は、妃・夫人・嬪以外は半給とされています。

　なお、2年以上正当な理由なく公式行事などに参加しない場合には、支給が停止されました。

　≪位　田≫　五位以上の有位官人すべてに、その位階に応じて終身支給された田地で、女性は男性の3分の2が支給されました（田令4位田条）。ただし、位田は「輸租田」で課税の対象となります（『令集解』巻十二田令位田条）。

　位田は、1町単位で畿内・畿外に半分ずつ支給され、一か所に10町を超えての支給はされません。ただし、乗田（口分田などを班給した残りの田地）を位田として支給した場合は、すべてを一か所に支給されます（『延喜式』巻二十二民部上）。また、上田もしくは中田が位田として支給されました（『続紀』天平元年（729）十一月七日条）。

　なお、外五位の位田は、内五位の半給が原則でした（『延喜式』巻二十二民部上）。

　≪位分資人≫　警固・威儀・雑務などに従事するために、原則として庶民から採用される従者で、官人の位階に応じて支給されました。資人の採用には限定があり、内八位以上の子、三関国（伊勢・美濃・越前国）、大宰府管内、陸奥・越中・越後国からの採用は禁止されており（軍防令

48帳内条）、さらに、728年には、飛騨・出羽の両国についても禁止されました（『続紀』神亀五年三月二十八日条）。資人は本主の考課を受けて外位に叙される下級官人としての存在でもあり（選叙令14叙舎人史生条）、調・庸・雑徭も免除されていました（賦役令19舎人史生条）。

【職務給的給与　職封・職分田・職分資人・事力】

律令官人は、律令国家の行政組織に参加し、しかるべき職務につきます。その職務に対する給与として、職封・職分田・職分資人・事力が支給されます。

≪職　封≫　官職に応じて支給された封戸（食封）で、太政大臣・左右大臣・大納言が対象となります（禄令10食封条）。705年4月には、中納言にも封戸200戸と資人30人が支給され（『続紀』慶雲二年四月十七日条）、731年12月に、参議にも封戸80戸が支給されたようです（『公卿補任』天平三年条）。

職務にともなう給与ですが、勤務評定に関わりなく支給されます（『令集解』巻二十三禄令食封条）。ただし、年間120日以上の欠勤の場合は、支給が停止されます（『令義解』巻四禄令食封条）。また、致仕（定年退職）の場合には、封戸は半減されて支給されました（禄令10食封条）。

≪職分田≫　大納言以上の官職（田令5職分田条）・在外国司（田令31在外諸司職分田条）および郡司（田令32郡司職分田条）に支給された田地です。「大宝令」では公廨田といわれていました。大納言以上・大宰府の官人および国司の職分田は「不輸租田」（『令集解』巻十二田令職分田条古記）で不課税ですが、郡司の職分田は「輸租田」（同郡司職分田条古記）で課税の対象となっていました。

職分田は民部省が担当で、支給すべき田数を調査し、土地の寛狭によって、上田または中田を支給しました。その場合、畿内と畿外に二分する

ことで、畿内への集中を避けています（『続紀』天平元年〈729〉十一月七日条太政官奏）。ただし、外官および郡司の職分田は任地内の田地が支給されます。畿内にあるものは直接経営し、畿外にあるものは賃租に出して地子を得ていたと思われます。官職から離れた場合は、職分田は即時収公されるのが原則ですが（『令義解』巻三田令官位解免条）、大納言以上の職分田は、正当な理由での辞職および致仕の場合には、支給額の半分を継続して支給される特例がありました（同田令職分田条）。

≪職分資人≫　官人の官職に応じて支給される従者です（詳細は上記「位分資人」の項を参照）。

≪事　力≫　大宰府官人および国司などに支給された従者で、在地の中戸以上の戸の正丁が充てられ、職分田の耕作など雑役に従事しました。また、従事者は一年一替で課役免除とされました（軍防令51給事力条）。759年7月には、陸奥国鎮守府官人にも支給されることになりました（『類聚三代格』巻六天平宝字三年七月二十三日乾政官奏）。

【特殊勤務手当的給与　　要劇料・馬料・月料・節禄など】

現代の公務員給与制度における手当とは、正規の勤務に対する報酬である給料によってはとらえることのできない勤務状態・生活実態、さらに、それぞれの職務の特殊性の多様化に対して支払われる給与のひとつです（人事院規則・一般職の職員の給与等に関する法律・地方自治法）。奈良時代においても、令制で定められた給与だけでは当時の官人の勤務実態や生活事情に十分に対応できなかったと思われます。そこで、格などにより臨時にあるいは半永久的に令に規定のない給与を支給することで、官人の要求に応えたのでしょう。その代表的なものを説明します。

≪要劇料≫　劇官（仕事の厳しい官）を選んで銭で支給された給与で、719年（養老三）に始まったと思われます（『類聚三代格』巻十五元慶

五年十一月二十五日官符）。在京の特定官司の職事官に対して、官位の高低にしたがって月別に支給（『類聚三代格』巻六大同四年〈809〉閏二月四日太政官符、『大日古』15-189造石山院公文案他）され、上日数が支給条件になっていたようです。その後平安時代に入りますが、808（大同三）年には、観察使を除く四位以下初位以上の職事官全員を対象に、人別1日2升の米を給することになりました（同上大同四年閏二月四日太政官符）。

　なお、大同四年（809）年四月一日太政官符（『類聚三代格』巻六）には、つぎのように記されています。

　　　承前諸司番上及雑色人、劇官以外衣食を給はず。

　番上・雑色人などにも、劇官に限って手当としての米の支給があったようですが、これを「番上粮」と呼んでいます。要するに、劇官の手当として長上官には銭を、番上官には米を支給されたということでしょう。

　≪馬　料≫　728（神亀五）年3月に、在京の文武職事官の五位以上に支給されていた防閣（警護に当たった従者）に代わって支給された馬の飼育料です（『続紀』神亀五年三月二十八日条）。ただ、官人は威儀を保つために乗馬したので、その飼育料して支給されたとの説もあります（岩橋小彌太『上代官吏制度の研究』吉川弘文館1964年）。

　808（大同三）年以降は、職事官全員が支給の対象となりました（『類聚三代格』巻六大同三年九月廿日詔）。支給の条件・方法は、季禄と同じように官職の相当位に基づいて支給額を定め、1年を二季（正月から6月までと7月から12月まで）に分けて必要上日を定めて、銭で支給されました（『延喜式』巻18式部上・巻28兵部省）。

　≪月　料≫　官人に月ごとに支給された給与で、大臣以下の職事

官および史生・使部・伴部の雑色人に、官職を基準に大炊寮収納の
年料舂米が支給されたようです（早川庄八『日本古代の財政制度』名著刊
行会 2000 年）。730 年（天平二）には、大学生および諸博士の弟子への
月料が支給され（『続紀』天平二年三月二十七日条）、また、744 年（天平
十六）には、鎮西府の将軍・判官・主典への月料が増加支給されるな
ど（『続紀』天平十六年正月二十三日条）、8 世紀中ごろには、かなり広い範
囲に月料が支給されていました。その支給量については、天平十年
度 (738) 和泉監正税帳（『大日古』2-78）に、監月料である日別稲一束（米
に換算して五升）が令史 1 人と従者 2 人の料であったことが記され
ていますが、奈良時代についてはそれ以上のことはわかっていませ
ん。『令集解』巻三職員令大学寮釈所引天平二年三月二十日七日の官
奏には支給量として、1 人日別に米 2 升、堅魚・海藻・雑魚各 2 両、
塩 2 勺という記録が残っていますが、上述の大学生および諸博士の
子弟への月料の内容だと思われます。

　≪節　禄≫　節日饗宴で諸臣に賜る禄のことです。正月 1 日・7 日・
16 日・3 月 3 日・5 月 5 日・7 月 7 日・11 月大嘗日が節日とされて
います（雑令 40 諸節日条）。奈良時代については定かではありませんが、
『延喜式』巻三十大蔵省諸節禄法には支給額が規定されています。そ
れによると、元日には「被」（『延喜式』巻十四縫殿寮）を、その他の節
日には「絹」・「綿」が支給されています。奈良時代には頻繁に衣服
が下賜されていますので、これに近い内容で奈良時代も支給されて
いたと思われます。この給与も基本的には五位以上の上級官人を対
象としたものです（山下信一郎『前掲書』2012 年）。

6 律令官人と深刻な格差社会

　律令国家から官人へ支給されるさまざまな給与を、その基本的性格にしたがってみてきました。そこからうかがえることは、奈良時代の官人の給与体系は、いわゆる「職階職務給」が貫徹されており、その格差たるや大変なものであり、現代の公務員の給与体系の感覚では想像もつかないほどのものがありました。その辺りの事情をもう少し詳しくみてみましょう。

　律令国家が官人に支給する基本的給与の種類とその量の一覧表と、その量を米（単位は石）に換算した一覧表をご覧ください（両表とも高橋崇『前掲書』1970年）。

　律令国家における基本的給与の性格としては、政治的地位に応じた支配の成果としての位階と官職による格差を媒介として、上級（貴族）官人層が経済的特権というべき莫大な報酬を得ていることでしょう。官人の職務本来に対する報酬としての給与の性格は、極めて希薄であったといわざるを得ません。そこには、律令国家形成過程において、部民制に基づく臣・連・伴造・国造制を廃止し、代わりに食封を大夫以上に賜い、それ以下の官人に布帛の禄を支給するとあるように（『日本書紀』大化二年〈646〉甲子条）、俸禄は畿内豪族が自己の経済基盤の喪失の代償であり、その享受を当然とする考えがあったのだと思われます。

　右記の表14から、当時の官人たちの給与格差をみてみましょう。そこで、「貴」（三位以上）すなわち超上級官人、「通貴」（四位・五位）としての上級官人そして六位以下少初位までの中・下級官人各階層の代表的官職の給与を比較してみました。

表 13　律令官人基本的給与一覧表

給与＼位階	正1	従1	正2	従2	正3	従3	正4	従4	正5	従5	正6	従6	正7	従7	正8	従8	大初	少初	(史生)
位田(町)	80	74	60	54	40	34	24	20	12	8									
職田　太政官	40	40	30	30	20														
職田　大宰府						10			6	4	2	2	1.6	1.6	1.4		1		0.6
職田　国司										2.6〜2.2	2.2〜2	2〜1.6	1.6	1.6	1.2	1.2	1	1	0.6
位封(戸)	300	260	200	170	130	100													
職封	3,000	3,000	2,000	2,000	800														
位禄　絁(疋)							10	8	6	4									
位禄　綿(屯)							10	8	6	4									
位禄　布(端)							50	43	36	29									
位禄　庸布(常)							360	300	240	180									
季2月　絁(疋)	30	30	20	20	14	12	8	7	5	4	3	3	2	2	1	1	1		
季2月　糸(絇)	30	30	20	20	14	12	8	7	5	4	3	3	2	2	1	1	1		
季2月　布(端)	100	100	60	60	42	36	22	18	12	10	5	4	4	3	3	1	2		
季2月　鍫(口)	140	140	100	100	80	60	40	30	20	20	15	15	15	15	15	10	2	5	
禄8月　絁(疋)	30	30	20	20	14	12	8	7	5	4	3	3	2	2	1	1	1		
禄8月　綿(屯)	30	30	20	20	14	12	8	7	5	4	3	3	2	2	1	1	1		
禄8月　布(端)	100	100	60	60	42	36	22	18	12	10	5	4	4	3	3	1	2		
禄8月　鍫(廷)	56	56	40	40	32	24	16	12	8		6	6	6	4	3	2	2		
資人(人)　位分	100	100	80	80	60		40	35	25	20									
資人(人)　職分	300	300	200	200	100														
事力(人)　大宰府						20			14	10	6	6	5	5	4		2		2
事力(人)　国司									8〜7	7〜6	6〜5	5	5	4	4	3	3	2	2

(注)　1　親王1〜4品は除外した。したがって、帳内は表示していない。
　　　2　職分関係の給与は、すべて相当位階の欄に記載した。
　　　3　官位担当官以外のものは、大宰府と国司との史生だけに限ってある。
　　　4　季禄の品目は、禄令給季禄条・季禄条によった 。

高橋崇『律令官人給与の研究』吉川弘文館 1970 年より

表 14　律令官人基本的給与換算表

	正1	従1	正2	従2	正3	従3	正4	従4	正5	従5	正6	従6	正7	従7	正8	従8	大初	少初	(史生)
職田(太政官)	760	760	570	570	380														
京　位田	1,520	1,406	1,140	1,026	760	646	456	380	229	152									
職封(太政官)	18,360	18,360	12,240	12,240	4,890														
官　位封	1,836	1,591	1,224	1,040	796	612													
位禄							135	113	93	69									
季禄	289	289	184	184	131		71	59	40	34	22	20	17	15	12	11	9	8	
以上合計	22,765	22,406	15,358	15,060	6,957	⟨1,258⟩	662	552	362	255	22	20	17	15	12	11	9	8	
大　職田(大宰府)						190			114	76	38	38	30	30	27		19		11
宰　位田						646			229	152									
府　位貸・禄						612			278	210									
季禄						267			98	81	51	42	38	32	21		20		
以上合計						1,715			719	519	89	80	68	62	48		39		11
国　職田(国司)										49〜42	42〜38	38〜30	30	30	23	23	19	19	11
司　位田										152									
位禄										69									
以上合計										270〜263	42〜38	38〜30	30	30	23	23	19	19	11

(注)　1　単位は石、少数点以下は四捨五入。稲1束=5升とした。
　　　2　位田・職分田は上田とし、獲稲は1町=500束(延喜主税式)、実収入は営料など120束を引いた380束とした。
　　　3　封戸からの収入は、50戸の標準収入高約306石(竹内理三『律令制と貴族政権』第Ⅱ部御茶の水書房1958年)を用いた。
　　　4　位禄・季禄は、延喜主税式禄物価法により計算。
　　　京官の場合は、畿内価　絁(絹)1疋=1.5石　糸1絇=0.5石　綿1屯=0.3石　調布1端=0.75石　庸布1段=0.45石　鍫1口=0.15石　鉄1廷=0.25石。
　　　大宰府の場合は、大宰府管内価　絹1疋=4石　糸1絇=0.5石　綿1屯=0.3石　調布1端=2石　庸布1段=1.5石　鍫1口=0.15石　鉄1廷=0.35石　位封は京官なみとした。
　　　国司の位禄は畿内価に換算した。

高橋崇『前掲書』1970 年より

正一位（太政大臣）	22765 石	正六位（各省判官）	22 石
正二位（左右大臣）	15358 石	正六位（中国守）	42 石
正三位（大納言）	6957 石	正六位（大宰府判官）	89 石
従三位（大宰府帥）	1715 石	少初位（小司判官）	8 石
正四位（中務省卿）	662 石	少初位（下国主典）	19 石
正五位（大宰府大弐）	719 石		
正五位（各省大輔）	362 石		
従五位（大国守）	270 石		
（大宰少弐）	519 石		
（大寮頭）	255 石		

　給与に格差があることは当然ですが、その落差があまりにも大きいことに驚かれるでしょう。

　京官の場合、大納言（三位クラス）は中務省卿（四位クラス）の 10 倍以上、大寮頭（五位クラス）も各省判官（六位クラス）の 10 倍以上となっています。最高位の太政大臣と最下位の小司判官（少初位クラス）とは実に 2800 倍以上の格差となっています。外官の場合は、最高位の大宰府帥（三位クラス）は大国守（五位クラス）の 6 倍以上、最下位の下国主典（少初位）の 90 倍以上と、京官ほどの差は生じていません。以上のことから、一位から三位のクラス、四位・五位のクラスおよび六位以下のクラスの 3 階層の給与格差は歴然としています。これ以外にも多くの給与（前掲）が支給されますので、その差はさらに開きます。

　六位以下の官人の給与は、家族およびその周辺の人々の生活を維持する程度であるのに対して、四・五位クラスの給与は、中程度の氏族全体の生活を維持するのに十分であり、三位以上の給与は、大氏族がさらに発展しうる程度の額であったとされています。五位以

上の給与、とりわけ三位以上のそれは、律令国家を支える畿内貴族
への政治的配慮でもあったのでしょう。莫大な財産を所有したであ
ろう三位以上の上級（貴族）官人には、家政を管理・運営するため
家令所の設置が認められ、そこの職員も律令国家から官人が任命さ
れていました。このような畿内貴族への優遇策は、伝統的・家産制
的な権威や組織を温存あるいは再生させるためのものでした（関晃「律
令貴族論」『岩波講座日本歴史 3 古代 3』岩波書店 1976 年）。

　五位以下をみた場合、京官よりも外官の官人の給与が優遇されて
いることです。上級（貴族）官人クラスでは、大宰大弐は各省大輔の
2 倍以上、大宰少弐は大寮頭の 2 倍以上となり、大国守は若干です
が大寮頭のそれを上回っています。六位以下の中下級官人において
は、大宰府官人は約 4 倍・国司は約 2 倍程度、同レベルの京官より
支給額が多くなっています。この差は、特に外官に支給される職分
田によるものです。現在の国家公務員では、職務の特殊性から支給
される「俸給の調整額」（一般職の職員の給与に関する法律 10 条）や不便な
地に勤務する職員に支給される「特地勤務手当」（同法 13 条の 2）など
が規定され、俸給月額の 25% 以内の額が支給されていますが、当時
の外官への優遇もこのような処遇の結果でしょうか。

　このように律令国家の給与の特徴としては、位階重視により京官
の高位官人が特に有利となり、官職による優遇からは外官、それも
六位以下の官人に有利に作用していることです。

　8 世紀後半になると、中央政府に依存する在京官人の給与が、歳
入不足が問題になるにつれて動揺するなか、自立性が強い在外官人
の給与の経済的優位性が増大し、結果的に京官よりも外官、とりわ
け国司への任官が望まれる状況が生まれました（『続紀』宝亀六年 (775)
八月十九日条）。

第 5 章　律令官人の勤務条件とその実態　　115

最後に、現行の公務員制度において職員に支給される給与（年間支給額）の比較を簡潔に示しておきます（内閣官房内閣人事局編『国家公務員の給与』平成 29 年版）。

特別職

内閣総理大臣　　　　　4015 万円

国務大臣　　　　　　　2929 万円

指定職（モデル給与例）

事務次官　　　　　　　2318 万円

本府省の局長　　　　　1765 万円

一般職（モデル給与例）

本府省課長（45 歳）　　1219 万円

地方機関課長（50 歳）　 705 万円

地方機関係員（25 歳）　 306 万円

（支給額は 1 万円未満四捨五入）

7　下級官人としての写経生の勤務実態

奈良時代の中央官司などに所属する官人たちの労働実態をうかがわせる史資料は現在ほとんど残っていませんが、造東大寺司管下の写経所に関する膨大な文書群が正倉院文書として伝わっていることから、そこで働いていた写経生を題材として、当時の下級官人の日々の労働実態を簡潔に見ていきたいと思います。

写経所に出仕していた写経生の多くは中央官司の雑任や散位であり、職事官とは身分を異にする下級官人です。この他にも、民間からの出仕者も少なからず存在したと思われます。

写経所では、造東大寺司の主典や史生から任命された「別当」が

管理責任者となり、「案主」とよばれる現場責任者が文書や記録の作成・保管などの職務を担当していました。写経生は経典書写の専門職員ではありますが、多くは非常勤職員で、職域分担として「経師」「校生」「装潢」などが存在しました。彼らは、板敷きの作業場で、円坐を敷いた上に正座で写経に臨んでいたと思われます。この時代の写経は、中国の隋および唐の例にならい、一行 17 字が基本で、一紙 28 行に謹厳な楷書で書写されます。書写の速度には個人差がありますが、早い者で 1 日 5900 文字程度、遅い者でも 2300 文字程度は書写していたようです。

　写経生に支払われる給与を「布施」と呼んでいました。布施は、実際に経典の書写作業に従事する経師・校生・装潢に対して、官位などとは無関係に出来高払いとなっていました。布施は一般的には布で支給されましたが、場合によっては銭で支給されることもありました。

　布施の支給額は、布施法（写経所の内規）により作業量を基準に、以下のように決定されていました（『大日古』3-487 〜 489）。経師は書写 40 枚につき布一端が支払われます。注釈つきの経典については書写 30 枚で布一端が支払われます。校生は 500 枚分を校正して布一端が支払われますが、校正は初校と再校の 2 回行わなければなりません。装潢は造紙 400 枚で布一端が支払われました。また、経巻の題名を書く題師は、100 巻分の題名を書いて布一端となっています。ただし、誤字・脱字などの不備があった場合は、相当分が仕事量から差し引かれます。経師の場合、5 字脱落あるいは 20 字の誤字で書写 1 枚が取り消されます。

　校生の場合は、脱字 1 字・余分な字 1 字を見落とした場合には 20 枚分、誤字 1 字を校正ミスした場合には 5 枚分が仕事量から差し引

かれるという、なかなか厳しい規定が存在しました。

　写経生たちは、作業内容を記した「手実」という自己申告書を写経所の事務方へ毎月提出します。写経所の事務方は、提出された手実をもとに、支払うべき給与の総額を計算し、造東大寺司に「布施申請解」という給与支払いの申請書を送付します。併せて、毎月の業務報告書である「告朔解」および写経生などの出勤状況を内容とする「上日案」も提出されます。下級官人の身分を有する写経生は、写経所での勤務が考課の対象にもなっていました。

　写経生が1年間に支給される布施は、773年（宝亀四）の場合、年間を通じて出勤している者で、平均布20端程度でした（中村順昭『前掲書』2008年）。当時、布一端は約400文（『大日古』20-86 忍坂和麻呂解）ですので、約8000文程度になり、米に換算すると12～13石（現在の5石）程度となります。この布施の量は、八位クラスの長上官の給与に匹敵します。さらに、写経生には、作業着（浄衣）一式が貸与され、写経所へ出勤した日には食事が支給されました。支給量は職域によって異なりますが、経師・装潢の場合で1日に米2升（現在の8合程度）と規定されています（詳細は後述）。また、写経所には「経師等宿舎」（『大日古』14-386 東塔所解）・「経師息所」（同16-34 奉寫灌頂経所食口案）などと呼ばれる、写経生の宿泊施設があったようです。宿舎は床張りの建物であったらしく、宿舎で使用したと思われる折薦畳60枚分の費用が計上されています（『大日古』14-300 東寺寫経所解）。また、厨と湯屋も付設されていたようで（『大日古』14-412 東寺寫経所解）、そこでは、朝夕の給食と入浴が写経生たちに提供されていたのでしょう。

　写経生の勤務実態は、他の職種の下級官人のそれと大きく異なるところはありませんので、彼等もこれに類する待遇を受けていたと思われます。給与についても、無位無官の雑任たちには、写経生の

布施のように、上日数も含めた勤務の対価として支払われていたの
でしょう。

第6章　律令官人の昇進システム

奈良時代の官人たち、とりわけ中下級の官人たちは、位階の昇進に多くの関心を抱いていました。位階が昇ればポスト（官職）に結びつくことができ、政治的・経済的および社会的面でいろいろな特権を手に入れることが可能になるからです。だとするならば、官人たちの恒常的な昇進システムとその実態とが、重要な意味を持つことになります。当時、この昇進システムを「考叙（考選）法」とよび、養老令の「選叙令」・「考課令」（大宝令では選任令・考仕令）で詳しく規定されていました。

　律令官人の昇進システムについては、野村忠夫氏の体系的研究（『律令官人制の研究』吉川弘文館 1967 年他）がありますので、ここではそれらに依拠しながら、そのシステムの内容を簡潔に説明したいと思います。

1　律令官人と人事管理

　官人が位階を得て官途に就くと、それからは勤務評定の結果により位階が上がり、その位階に相当するポスト（官職）に移ることになります。勤務評定すなわち考課に関する規定が「考課令」であり、勤務評定の結果から官人に新たな位を授け、官職に任ずる規定が「選叙令」です。この位階の昇進に関わる人事評価システムを「考選制度」とよんでいます。令の規定では、勤務評定の対象となる官人を「得考之色」とよび、そのポストによって下記の4段階に区分しています。これを「四科」区分とよんでいます。

①内長上　　毎日の勤務を要する中央官司の官人

　　　　　　　（大宰府の四等官クラスおよび国司の四等官も含まれる）

②内分番　　交代勤務を要する中央官司の下級官人

③外長上　　毎日の勤務を要する地方の下級官人

④外散位　　地方国衙に籍を置くポスト待ちの下級官人

内長上と内分番は「内考」とよばれ内位が、外長上と外散位は「外考」とよばれて外位が、共に授けられます。

　毎年所属官司の長官が行う勤務評定（考）を積み上げた結果（成選）により位階の昇進（選叙）がなされるのに、①は6年（4年）、②は8年（6年）、③は10年（8年）、④は12年（10年）の規定年数（選限）が最低必要とされました（選叙令9遷代条・11散位条・14叙舎人史生条・15叙郡司軍団条）。ここで見落としてはならないのは、四科による昇進チャンスに大きな開きがあることです。内長上と外散位とでは倍の違いがあります。中央官司や大宰府・国司の四等官クラスの官人は、6年の勤務評定で位階の昇進が期待できますが、国府の雑務に従事する官人は、実に12年もの歳月を経てやっと昇進のチャンスが巡ってくるにすぎません。さらに、706年（慶雲三）には、四科とも選限が2年ずつ短縮（括弧内の年数）され（『続紀』慶雲三年二月十六日条）、昇進のスピードアップと同時に、その格差も大きく開く結果となりました。この慶雲三年の格制が、757年以降の養老令施行7年間を除いて、基本法となっていました。25歳で少初位下に叙せられた内分番の下級官人が従八位下に昇進するには、一選限（8年）で一階進級するとすれば32年、6年としても24年要することになります。下級官人にとっては、特別なことが起きない限り、五位すなわち貴族官人の仲間入りすることはまず不可能です。

　一方、昇進スピードが速くなるにつれて、その位階に相当する官職が不足することになり、全般的に位階が高くなりすぎて官位相当が崩れる傾向にありました。また、政治的あるいは行政上の理由から、官位相当制から外れた人事を行なわなければならない必然性もあり、このような傾向に対する予測と対応は制度制定時より存在していました。大宝選任令（養老選叙令6任内外官条）には、位階が官職に比して規定より高い場合は「行」と、官職が高い場合は「守」と称し、下記のように表しました。

第6章　律令官人の昇進システム　123

「行」の例：従二位行大納言兼紫微令中衛大将近江守藤原朝臣「仲麻呂」
「守」の例：従四位下守右大弁兼紫微少弼春宮大夫行侍従勲十二等巨
　　　　勢朝臣「堺麻呂」

　『続日本紀』の任官記事や『正倉院文書』の位署例では、官人のもつ
位階とその官職の相当位階が一致するよりも行・守の方が多数と思われ
ます。

2　律令官人と勤務評定

①　勤務評定の前提条件

　平素の勤務状態を客観的に表す最も重要な要素は、勤務日数だと思わ
れます。現在でも、勤務日数が規定以下である場合には、その年度の勤
務評定の対象から外すことが行われています。奈良時代においても、定
められた勤務日数（上日）を満たすことが、毎年の勤務評定をうける前
提条件となっていました。では、その規定の勤務日数は年間どのぐらい
だったのでしょうか。

　当時の年度は、前年の８月１日から本年の７月末日までをさし、この
期間が勤務評定の対象となります。この期間中に、長上（①と③）は240
日以上、分番（②と④）は140日以上勤務することが求められました。ただ、
分番に準ずる扱いの帳内ならびに資人は200日以上という特別な勤務日
数が求められました。年度内における人事異動により身分に変化が生じ
た場合に対処できる規定も存在しました。すなわち、分番から長上への
異動の場合は、分番３日の勤務を長上２日の勤務に、長上から分番への
異動の場合は、長上１日を分番１日に換算されました（考課令59内外初位

124

条、『令集解』巻二十一考課令内外初位条諸説）。ここで、勤務日数に関する規定が現実に適用された例を見てみましょう。

〔造講堂院所解〕（『大日古』13-157）
合わせて壹拾七人
　　不考五人
　　　　参人　日満たず
　　　　壹人　服解
　　　　壹人　軍団の領申すに依りて、司判退
　　見考壹拾弐人
　　　　　　　　（以下略）

　この史料は、造講堂院所という東大寺の講堂を造っていた役所が、上級官司である造東大寺司に天平勝宝八歳（756）前後に提出した勤務評定関係の文書です。これによると、造講堂院所には 17 人の勤務評定対象者が勤務していました。そのうち 3 人が勤務日数不足の理由で、また、喪に服するための退職（服解）・軍団への転出がそれぞれ 1 人、合計 5 人が「不考」とされて勤務評定から外されています。残る 12 人は「見考」として、この年の勤務評定を受けています。つぎに挙げる木簡（木簡学会編『木簡研究』第十号 1988 年）も、勤務日数に関わる史料です。

〔表〕「少初位下高屋連家麻呂年五十右京　　六考日幷千九十九六年中」

〔裏〕「　　　　　陰陽寮　　　　　　　　　　　　　　　」

　この史料は、陰陽寮の下級官人（内分番）である高屋連家麻呂の勤務評

定に関する木簡で、6年間の勤務日数と総合評価（選）が書かれています。6年間の勤務日数が1099日（年平均183日）で、総合評価で「中」となっています。

平城京からは勤務評定に関係する木簡は相当数出土していますが、その調査から、「不」すなわち勤務評定から外された例が、奈良時代後半では半数以上にも達しています（馬場基『平城京に暮らす』吉川弘文館2010年）。木簡の「不」の理由がすべて勤務日数不足であるとは言えませんが、定められた勤務日数を満たすことが、毎年行われる勤務評定の前提条件であり、現実に生きた法であったことが理解できます。と同時に、一見なんでもなく思える「規定の勤務日数を満たす」ということ自体、当時の官人にとっては決して容易なことではなかったようです。

② 勤務成績の評定者

現在の国家公務員の勤務成績の評定実施者は、評定を受ける職員の所轄長となるのが原則です（国家公務員法70条の3）。しかし、所轄長がそれぞれの職員の日々の勤務実態を把握することは事実上不可能ですので、実際には職員を直接指揮監督する者に評定および調整を行わせ、所轄長はその評定および調整を審査し確認することが一般的です（勤務成績の評定の手続き及び記録に関する政令7条）。この方法により不均衡な評定や不公平な判断が防止でき、客観的で公正な評定が担保されるからです。

ここでは、奈良時代の勤務成績の評定者とその仕組みを考えてみましょう。

　　年毎に当司の長官、其の属官考せよ。（中略）長官無くは次官考せよ。

これは考課令1内外官条にみえる評定者の規定です。それぞれの官司

の長官が次官以下の所属官人の評定権を有していると読み取れます。ところが、当時の解釈はそうではないようです。『令集解』巻十八考課令内外官条の古記によると、「当司」とは省クラスの官司を意味し、職・寮・司などの下級官司を指しているのではないとしています。つまり、省またはこれに準ずる官司（神祇官・弾正台など）の長官は評定権を有するが、それ以下の官司の長官は評定権がなく、関係資料を揃えて省などの上級官庁に提出するだけということになります。治部省には、雅楽寮・玄蕃寮・諸陵司・喪儀司という４つの下級官司が属しています。たとえば、治部省の長官（卿）は治部省の次官以下の所属官人の評定をするとともに、属下の４官司の長官（頭・正）を評定し、さらに、４官司の長官から送られてきた関係資料をもとに、当該官人の評定も行うことになります。他方、属下の４長官は、部下の勤務に対する監督権はあっても、それに対する評定権は持たないということです。複数の官司に所属している官人の場合は、それぞれの官司の長官が各々評定することになります。

　はたして実態はそのようなものであったのでしょうか。平城京全体で見るならば、7000人に迫る官人数（鬼頭清明『日本古代都市論序説』法政大学出版局1977年）、たとえば六位以下の職事官600人前後の中級（実務）官人を対象とするならばともかく、これだけの数を省クラスのスタッフ（直属の実務官人は20〜30人程度）で毎年の勤務評定を行うことは、かなり無理があったのではないでしょうか。勤務評定の本来の目的である官人個々の勤務状況をより正確に把握し、適正な評定を行うことを、当時の律令政府も求めていたはずです。だとするならば、職・寮・司クラスの長官も単に関係資料を提出するだけでなく、当該官司に属する官人の資料と共に「評定素案」をも、省クラスの上級官司に提出したと思われます。省クラスの長官は提出された「評定素案」を審査・調整し、最終的に評定を決定したのではないでしょうか。養老令の注釈書である令義解にも、

職・寮・司クラスの長官が所属の官人の勤務評定を行うとしていること
からも（『令義解』巻四考課令内外官条）、そのように理解すべきでしょう。

　現在の勤務評定では、職員を直接指揮監督する者を第1次評定者、そ
の上級者を第2次評定者として、任命権者はその評定結果を調整・認証
を行うことが一般的になっていますが、当時の律令政府においても、原
理・原則的にみて、現在とそれほど変わりのない評定システムを採用し
ていたのではないでしょうか。

③　評定基準の実際

　勤務評定の基準は、内長上と内分番以下とでは大幅に違っていました。
内長上は、「上上〜下下」の9段階評価で、官人としての姿勢を「徳義有聞」
（人徳があること）・「清慎顕著」（潔癖であること）・「公平可称」（公平であるこ
と）・「恪勤匪懈」（まじめであるこ）の「四善（しぜん）」という内長上共通の徳目（考
課令3〜6善条）と、各官職の職掌に即した事務処理能力を査定する42種
の基準である「最（さい）」（同令8〜49最条）との合計点で評価が下されます。「最」
について、2〜3例を挙げておきます。

　　〈主税寮次官以上〉（同令27最条）
　　　蓋（ふ）き蔵（をさ）むるに謹（つつし）み、出し納るるに明らかならば、主税の最と為よ。
　　〈内舎人〉（同令32最条）
　　　宿衛（しゅくえ）に勤め、進退礼に合（かな）へらば、内舎人の最と為よ。
　　〈最規定がない四等官以外の品官など〉（同令36最条）
　　　公の勤怠（つとめおこた）らず、職掌（しきしょう）闕（けつ）無くは、諸官の最と為よ。

　具体的評価としては、「四善と最」は上上、「四善」および「三善と最」
は上中、「三善」および「二善と最」」は上下、「二善」および「一善と

最」は中上、「一善」および「最」は中中と評価されます。ここまでが
プラスの評価です。「善」「最」がひとつも得られない官人は、次のよう
に評価されます。「事務処理能力は普通だが、評価するまでには至らない」
は中下、「私情にまかせて職務を行うので、事務処理が正常に行われない」
は下上、「私事を公務に優先させるため、職務が疎かとなった」は下中、
「上司に諂ったり偽ったりすることが多く、また、汚職などの行いがあっ
た」は下下と、それぞれ評価されます。さらに、直接勤務評定の対象に
ならなくとも、社会的にみて「善行」と評価されることや、評価を下す
段階で情状酌量の余地のある場合などは、式部（文官）・兵部（武官）の
両省の審査の段階で考慮することが認められており（同令 50 一最以上条）、
弾力的な運用も保障されていました。

　内分番と内散位六位以下の官人は３段階評価（上・中・下）で、内長上
の評価である中上・中中・中下にそれぞれ対応しています（同令 51 分番条）。
外長上は国司（守）が評定者となり、郡四等官（大領・少領・主政・主帳）
と軍団の軍毅（大・少毅）は４段階評価（上・中・下・下下）を受けます（同
令 67 考郡司条）。郡司が「公に背きて私に向かい、貪濁状あり」、軍毅が
「数あやまち失うこと有り、武用紀なし」と判断され、いずれも「下下」
と評価されると、その年度限りで免職となります。また、国博士および
医師は３段階評価を受けました。ただ、医師の場合は治療効果が評価の
対象となり、治癒率が７割以上で「上」・５割以上で「中」・４割以下は
「下」と評価されます（同令 68 国博士条）。どの程度をもって治癒とし
たかは不明ですが、医療技術の未発達であった当時としては、たいへん
厳しい認定基準と思われます。

　なお、准官人と位置づけられる帳内・資人については、評定者が本主
である親王や貴族官人による３段階評価がなされます（同令 69 考帳内条）。
本主にいかに忠実勤勉に仕えたかが一義的評価基準になるでしょうが、

他階層の官人の勤務評定との均衡を保つ意味からも、令の規定に準拠した評価基準で評定がなされたと思われます。

④　勤務評定の手続き

　各官司の長官は、年間にわたって記録した所属する官人の勤務状況を整理し、職務の遂行（功過）・勤務態度（行）・特殊な技能をもっているか（能）など、いわゆる「功過行能」を検討して評定の原案（考文）を作成します。この作業を「定考」（口頭ではコウジョウ）と言います。その際、それぞれの官司で長官は評定の原案を被評定者（本人）に提示し、異議申し立ての機会を与えたのち、評価を決定します（『令義解』巻四考課令内外官条）。他官司に出向している官人については、出向先から勤務状況を提出してもらいます。勤務評定は、あくまで所属官司の長官の任務です。

　定考を８月末までに終わらせ、考文を「考中行事」（年間勤務内容一覧表）などの関係資料を添付して太政官の弁官に、中央官司・畿内の諸国は10月1日、畿外の諸国は11月1日までに提出されます。同時に、評定年数（選限）を満たして成選した官人の位階昇進原案（選文）も提出されます（考課令1内外官条）。

　ここで、評定の原案（考文）と位階昇進原案（選文）を見てみましょう。

〔官人考試帳（考文）〕（『大日古』24-552）

陰陽師

中上

正七位下行陰陽師高金蔵　年五十八
　　　　　　　　　　　　　右京

　　能　太一　遁甲　天文　六壬式　　日参佰玖
　　　　算術　相地

　　恪勤懈ることなきの善　　占卜験を効すこと多くは最

従七位下守陰陽師文忌寸広麻呂 _{年五十}
（ふみのいみきひろまろ） _{右京}

　　　能 _{五行占} _{相地}　　　日弐佰玖拾肆

　　　恪勤懈ることなきの善　占卜験を効すこと多くはの最

陰陽博士
　　従六位下行陰陽博士角兄麻呂年 _{年四十三}
　　　（つぬのえまろ） _{右京}

　　　能 _{周易経及　革　太一　遁甲} _{六壬式　算術　相地}　　　日弐佰捌拾玖

　　　恪勤懈ることなきの善　占卜験を効すこと多くはの最

天文博士
　　従六位下行天文博士王中文 _{年四十五}
　　　（おうちゅうぶん） _{右京}

　　　能 _{太一　遁甲　天文　六壬式} _{算術　相地}　　　日弐佰漆拾

　　　恪勤懈ることなきの善　占卜験を効すこと多くはの最

　　　　　　（後　略）

〔造東大寺司選文案〕（『大日古』25-87）
造東大寺司解し　申す職事等成選の事
合わせて天平勝宝元年選に足りる肆人 _{二人六位} _{二人八位}

　　　五考成選肆人

第6章　律令官人の昇進システム　131

　　　　　　　職事
　　一人三考中上　　二考分番中上

　　　　　　長上
二人考一中上　　四考分番中上

　　　　　長
一人二考中上　　四考分番　二考中上　一考上等
　　　　　　　　　　　　　一考中等

　　右、件の成選、等弟孔目前の如し。
　　　　　　　　こうもくさき
次官正六位上佐伯宿禰今蝦夷　年卅
　　　　　いまえみし　　　　　左京人

右人、元舎人監舎人、天平十六年成選、十七年四月廿五日従七位下に
叙す、十八年三月七日動一階を上ぐ、廿一年四月一日特に六階を授く。
　　天平十七年中上　　上日参佰伍拾弐
　　　　恪勤懈ことなきの善　恭慎 悠まりなく、容止礼に合うの最
　　　　　　　きょうしん あや　　　　　ようし
　　　　　　　　　（後　略）

　前の史料は、陰陽寮に所属する陰陽師・陰陽博士・天文博士らの年
間の勤務評定（考）をしたもので、各官人得意な分野を有し、勤務日数
も足りて「善」「最」をひとつずつ得て、「中上」の評価を受けたこと
がわかります。
　後の史料は、造東大寺司（東大寺造営のために置かれた令外の官司）で４人（六
位２人・八位２人）の官人が成選を迎え、彼らの勤務評定の通計を記載し、各
官人ごとにこれまでの昇進経歴や各年の勤務評定の項目が記されています。
　また、勤務評定関係の木簡の史料（木簡学会編『前掲書』1990年）も見て
おきましょう。

「^{去上}位子従八位上伯祢広地 ^{年卅二}_{河内国　安宿郡}　　」

　河内国安宿郡に本貫（本籍）があり、六位〜八位の官人の嫡子で32歳の伯祢広地が、去年は「上」の勤務評定を受けたことが記された木簡です。これらの木簡は、各官司から提出された「考文」および「選文」から、人事考課を掌る式部省（武官は兵部省）がそれぞれの官人について、どの程度位階を昇進させるか、無位の者にはどれほどの位階を授けるかの作業（擬階）をするにあたっての、いわば個人データ用の使い捨てカード（文面が必要なくなれば、それを削り取り、再利用）として使用されたものです。所属官司別に紙の巻物として提出される「考文」や「選文」からの個人データを木簡に要約して写し取り、必要に応じてそれを取り出し、年齢・位階別に綴り直し、官人を全体として把握することにより、擬階作業の能率を高めるのに大いに役立ったと思われます。また、擬階の結果を記した木簡も残っています（木簡学会編『木簡研究』第三号 1981 年・第九号 1987 年）。

「右五人進二階正八位下
「依遣高麗使廻来天平宝字二年十月廿八日進二階叙」

　上の木簡は、「右に挙げた五人の官人を、従八位下から二階昇進させて正八位下とする」という意味で、進階者 5 人の木簡の次に綴じ込まれたものと考えられます。下の木簡は、758 年（天平宝字二）9 月に帰国した遣高麗使（遣渤海使）に対する叙位に関するもので、叙位を受ける各人の木簡を綴りあわせる際に、その見出しとしたものでしょう。これらの木簡を利用して、擬階の結果から「擬階目録」（叙位される官人数を記した書類）「擬階簿」（叙位される官人の名簿を記した書類）が作成されるシステムとなっていました。

10月1日以降、太政官の弁官に提出された関係資料は、文官関係は式部省・武官関係は兵部省に引き渡され、審査が始まります。10月初旬より中央官庁から順次、関係資料の審査と同時に、式部省および兵部省において対象官人と面接を行います（考問）。この面接に参加しないと五位以上の者は節会（節日など重要な公事のある日に、天皇が群臣を集めて行う饗宴）への参加ができませんし、六位以下の者は季禄の支給が停止されます。次に六位以下の考人を呼び出し、各自の考第を唱示します（引唱）。郡司・外散位などは国衙で行われます。この作業は10月末までに行われます。外官の考文については、11月末日までに式部省および兵部省で内容がチェックされます。引唱に出席しない場合は、「考」を降ろされます（『弘仁式』式部考問併引唱条、『延喜式』巻十八式部上）。なお、太政官は考問および引唱は対象外となります。

　式部省・兵部省で作成された「擬階目録」「擬階簿」は太政官に送られます。その結果叙位される主典以上の官人を対象に、2月11日に大臣が引見する列見の儀があり、決定案である成選短冊を4月7日に奏上する「擬階奏」を経て、4月15日に叙位される官人を招集して位記を授ける位記召給で完了します（『延喜式』巻十一太政官・同巻十八式部上など）。

　以上は、八位以上六位以下の奏授の叙位であり、五位以上の勅授は全く別で、随時行われます。

3　位階の昇進とその限界

　さて、日夜滅私奉公を重ね、数年に一度やっと巡ってくる昇進のチャンス。どの程度の昇進を受けるかの不安と期待を含め、官人にとって重大な関心事でした。それゆえ、恣意的な評価は許されず、一定のルールに則って決定されます。そのルールによって昇進できる位階の計算をす

ることを「結階」とよんでいます。

　まず昇進に必要な評価は、一選限（叙位に必要な評定年限）の平均評価が「中中」あるいは「中等」が基準となり、一階昇進（基階）することになります。「中上」以上または「上等」の評価を受ければ、その度合に応じて基階にプラスして昇進し、逆に「中下」以下および「下等」の評価を受けると、原則的に昇進はストップとなるシステムを採っています。ここで平均といったのは、官人が一選限のなかで下される評価のなかに、「上下」「中上」または「上等」のプラスになる評価と「中下」「下上」または「下等」のマイナスになる評価が混在している場合には、これを准折（相殺）してふたつの「中中」または「中等」にできる方法があるからです（選叙令10計考応進条）。もう少し「結階」について説明しましょう。

〔内長上の場合〕

　選叙令（大宝令では選任令）の規定では、六考（6年分の評価）がすべて「中中」であれば、一階昇進（基階）することになります。これを基礎として加算される昇進の階数が規定されています。すなわち、「中上」三考で一階・「上下」二考で一階・「上中」一考で一階および「上上」一考で二階の階数が加算されます。かりに六考すべてが「上上」の評価を受けた官人がいたとしましょう。彼の一選限での昇進は、基階としての一階に加算として二階×6で十二階が加わり、合計の十三階の昇進となります。このような昇進は原理原則の世界の話で、現実には「中上」程度が一般的評価であったと思われます。一選限での昇進は、一階×2と基階の一階の合計三階の昇進となります。これと呼応するように、四階以上の昇進については「奏聞して別勅に叙せよ」（同令9遷代条）とあり、三階までの昇進が一般的であったことを裏付けています。

　すでに述べたように、慶雲三年の格制で選限が2年短縮され4年とな

り、「上中」と「上下」とが同じ加算条件に修正され、昇進可能な階数が十三階から九階に大幅に低下しましたが、一般的評価である「中上」で比較してみると、どちらも三階となっています。昇進できる階数が変わらないように最初から計算されており、むしろ、選限が2年短縮された分だけ有利な条件となっています（野村忠夫『古代官僚の世界』塙新書1969年）。

〔内分番の場合〕

　内分番では、八考とも「上等」の評価であれば三階、四考が「上等」で残り四考が「中等」であれば二階、八考すべてが「中等」であれば一階昇進できます。ここでも准折が適用され、最高三階までの昇進が可能です。また、外国での勤務（遣唐使などに従事）の場合は、半分の4年で成選とされました（同令11散位令）。内長上と比べ評価の刻みが荒い分、昇進のプラス面でロスが多くなります。たとえば、七考が「上等」で一考が「中等」の場合、昇進は二階に止まり、三考「上等」分が切り捨てられます。

　格制（選限6年）においても、四考「上等」で一階から三考「上等」で一階昇進への変更に止まります。

〔外長上の場合〕

　郡司以下地方の官人が対象となり、選限は10年（十考）と長くなります。郡司や軍毅は4段階評価で、国博士・医師は3段階評価と異なっています。ただし、郡司らは「下下」の評価を1度でも受けると免職となりますので、昇進に関する評価は3段階と考えてさしつかえありません。

　結階の内容は内分番と同じですが、選限が長い分、昇進面でのロスが多くなります。昇進は最高三階までとなっています。また、格制では選限は8年とされましたが、内長上の2倍の年数となっており、特別な事

情が起こらない限り、このクラスの官人は上級（貴族）官人（五位クラス以上）には半永久的に到達できません。言い換えれば、地方豪族出身である郡司クラスの官人は、五位ラインを越えて上級（貴族）官人には到達できないシステムとなっていました。

〔外散位の場合〕

地方国衙に働く散位の官人は、その結階方法は内分番や外長上と同じですが、選限が12年（格制では10年）と非常に長い。官人とは名ばかりで、数十年勤務して、やっと初位の位階に到達するかしないか、そんな冷遇された官人生活を送ることになります。

4　キャリア官僚としての上級（貴族）官人の優位性

これまで勤務評定とこれに基づく昇進（叙位）について細々とみてきましたが、果たしてこの規定がすべての官人に適用されていたのでしょうか。素朴にもこんな疑問をいだくのは、著者だけではないでしょう。給与面において先に述べたように、百数十人の上級（貴族）官人と数千人にのぼる中下級官人の間には、人事管理システムにおいても隔絶したものがあったと思われます。どうやら今まで述べてきた原則は、律令政府の政策立案に関与する五位以上の上級（貴族）官人ではなく、決定された政策を忠実に具現化していく、いわば六位以下の実務官人を念頭に置いたものと言えます。そのあたりの事情を考えてみましょう。

毎年行われる勤務評定の報告書である「考文」が省クラスの官司から式部省（文官を担当）および兵部省（武官を担当）に提出されるにあたり、「上中」とか「中中」などの評定原案がつけられるのは、内長上クラスの官人でも六位以下の中下級官人を対象としていました。五位以上の上級（貴

第6章　律令官人の昇進システム　137

族）官人の場合は、上日（勤務日数）と評価内容である「善」「最」の用語だけを記載することになっていました。四位・五位クラスの官人の評価は、最高機関である太政官で決定され、天皇に奏聞されます。三位以上の官人の場合には、太政官にも決定権はなく、天皇が直接決定することになっていました（考課令59内外初位条）。さらに、太政官の長官に相当する右大臣以上にいたっては、上日のみを天皇に報告されるだけです（『令義解』巻四考課令内外初位条）。律令政府における官人の勤務評定の最終的な決定権（＝人事権）は、実質的に誰が有しているのかという問題でもあります。

　六位以下の実務官人は、式部省や兵部省の審査に則り、いわば機械的に昇進が決定される極めて明快で合理的な方法が採用されています。それに対して五位以上、すなわち律令政府の政策立案に関与しうる立場の官人の昇進は、天皇の勅裁に委ねられるシステムを採用しています。そこには、上級（貴族）官人の昇進は勤務成績に依拠するのではなく、天皇や執政権的権力者との関係・政治的勢力のバランス・国際情勢の変化さらには出身氏族の優劣など、その時点における政治情勢や思惑に左右される要因が内包しているといわざるを得ません。

　もうひとつ見逃すことができないことは、上級（貴族）官人の仲間入りとなる五位のラインを容易に越えさせないシステムが存在することです。正六位下の官人が成選し、結階により三階の昇進となった場合、原則的には「従五位上」に叙されるはずです。ところが現実は上級（貴族）官人の最末端の「従五位下」に叙任され、そこから新しいスタートをきることになります。五位と六位との間には幅広い溝があり、その溝を越え五位ラインに到達する場合には、「奏聞して別に叙せよ」（選叙令9遷代条）と天皇の勅によるとされ、人事面でまったく異なった世界へ飛び込むと同時に、いったん超えてしまえば、中下級官人とは比較にならないほど

の優遇措置を受けることになります。この制度は、上級（貴族）官人層の既得権確保と秩序維持の大きな武器となっていました。

　728年（神亀五）3月に、新五位制が施行され（『類聚三代格』巻五定内外五位等級事）、中央氏族の出身者でも正六位上から従五位下に昇進する際、外従五位下に昇進させて、その後に内位の五位へと昇進を迂回させることになりました（内外階制）。第3章で述べたように、もともと外位制は大宝令で新設された外正五位上〜外少初位下の20階の、内位制とは異系列の位階制であり、郡司・軍毅・国博士・医師・帳内・資人など地方豪族や富裕農民出身者が授与対象とされていましたが、これにより内位と外位が接合することになり、外位の官人の内五位への進階（入内）の途が開かれました。反面、内位の中央官人層の多くは、外五位を経由することになりました。ただ、外五位を経由することなく内五位へ昇進するコースも用意されており、その基準が「姓の高下・家の門地」であったので、中央の貴族官人の嫡流はそのコースを歩むことになり、階層分化が一層推し進められる結果となりました。

5　勤務評定から漏れた官人の救済措置

　官人の昇進は、一定の職務につき実際に勤務することが前提に行われます。しかし、現実には何らかの事情で職務から離れ、勤務評定の対象から外されることもあるでしょう。その場合、それまで積み上げてきた勤務評定は無駄になってしまうのでしょうか。また、官人になる資格は有しているがポストがなく、式部省に籍を置いてポスト待ちをしている者（留省）の処遇はどうなっていたのでしょうか。あくまで勤務評定を受けなければ、昇進は不可能であったのでしょうか。そこで次の史料（木簡学会編『木簡研究』第九巻1987年）を見てみましょう。

第6章　律令官人の昇進システム　139

〈表〉「无位田辺史広調進続労銭伍佰文」
〈裏〉「 摂津国
　　　住吉郡 神亀五年九月五日 勘錦織
　　　　　　　　　　　　　　　秋庭　　」

〈表〉「位子山辺君忍熊資銭五百文　　　　」
〈裏〉「　　神亀五年九月七日勘瓶原東人」

　これらは「続労銭（しょくろうせん）」「資銭（しせん）」という名目で式部省に納められた銭の付札です。呼び方は違いますが、同じ性格の銭です。「位子」や「蔭子孫」のように、官人として出仕する資格だけ持っている者や、「散位」といって位階は有しているが官職に就いていない者など、それだけでは勤務評定の対象にならない人々が、評価の対象としてもらうために納める銭を意味します。一種の救済制度であり、721年（養老五）にはすでに存在していたようです（『続紀』養老五年六月十日条）。731年（天平三）には武散位（武官）の定員を200名とし、735年（天平七）には畿内七道諸国の外散位および勲位（軍功のあった者に授与される位）の定員を国別に定め、それ以外の者は続労銭を納めることで考課を与えることを許しています（『続紀』天平三年十二月十六日条、同七年五月二十日条）。その後、737年（天平九）にいったん定員外の散位の続労銭は禁止されましたが、758年（天平宝字二）に式部省および兵部省に上番する散位・蔭子・位子・留省資人らの新定員を定め、定員外の者が続労銭を納めて、考選の対象となる方式を復活しています（『続紀』天平九年十月七日条、天平宝字二年十二月二十八日条）。

　この制度を利用して昇進を期待したのは、おもに下級官人の子弟やそれなりに経済力を有する階層の人々でした。当時の史料から見るかぎり、「続労銭」「資銭」は一律500文とされていたようです。これで得られる評価はおそらく「中等」でしょうから、内分番の場合（格制）には、

一階の昇進のために６年間払い続けると 3000 文が必要となります。729年（天平元）当時、米一石（現在の約４斗）の価格が 100 文前後ですので、30 石（現在の約12石）買える金額です。この金額が果たして実質的なメリットとなったかどうかは定かではありません。しかし、お金を出しても位階の昇進を望む官人が多く存在し、それが制度として機能を果たしていたとするならば、それには何らかの魅力があったのでしょう。

6　受益者負担の勤務評定

　もともと勤務評定とは、企業の経営者（公務員の場合は任命権者）がそこに働く労働者の勤務状況を一方的に評価し、それに基づき各労働者の職務および賃金を決定する経営システムの一種で、評価される側はおよそ受け身の状態（評価の平等性・均衡性・妥当性の担保を前提に）でいればよいものです。しかし、奈良時代はいささか事情が異なりました。

　たとえば、勤務評定に関する書類の作成費用は、評定を受ける官人本人が負担することになっていました。この書類の作成費用を「考料」と呼んでいました。律令社会で「受益者負担」という社会通念が存在したとは思えませんが、こうした負担は勤務評定の場合にとどまりません。戸令 19 造戸籍条に「須いる所の紙、筆等の調度は、皆当戸に出さしめよ」とあり、律令政府が支配のために作成する戸籍や計帳の費用までもが民衆の負担となっていました。

　つぎの史料は、「考料」の実態を物語っています。

　〔造石山院所解案〕（『大日古』15-231）

　　造石山院所解し　申し応うず考人進上考銭の事

　　合わせて壹拾肆人^{成選六人}進上考銭参拾漆文

長上船木宿奈麻呂 ^{成選} 銭四文

左大舎人能登忍人 ^{身不待} 三嶋豊羽 ^{成選} 銭五文

右大舎人玉作子綿 ^{奈良}

散位下道 ^{成選} 銭四文 　　上馬甘 ^{身不待} 　　勾猪万呂 ^{銭三文}

番上秦九月 ^{成選} 銭四文 　　他田小豊 ^{成選} 銭四文 　　丸部小公 ^{銭三文}

私部在人 ^{銭三文} 　　和久眞時 ^{銭三文} 　　甲賀深万呂 ^{成選} 銭四文

留省秦足人 ^{米乞使} 身不待

（中　略）

天平寶字六年七月廿五日領下

主典安都宿祢

　この史料は、762年（天平宝字六）7月25日付の、近江国で石山寺の造営を行っていた造石山院所から造東大寺司に提出された書類です。そこには、天平宝字六年度に勤務評定の対象になった官人と、今年度で成選して叙位の対象になった官人が納めた「考銭」を送ったことが書かれています。

　彼らが納めた金額をみてみると、本年度の評定対象者4人は一律3文を支払い、成選して叙位の対象となった5人は一律4文を納めています。そうすると、「考料」の金額は、考文1名分で3文、選文1名分で4文の計算となります。選文が1文多いのは、成選した官人も本年度の勤務

評定も同時に受けるので、その分が上乗せされているからです。

　ところで、成選した官人のうち三嶋豊羽という官人だけが、１文多い５文を納めています。その１文は、三嶋豊羽が「三嶋豊羽成選申す所の帳」という申請書を併せて提出していたので、その分だと思われます（野村忠夫『前掲書』1969 年）。

　この制度は、大宝令の実施された当時から存在していたようで、現代の勤務評定とは違った考え方の一面を垣間見ることができます。

第7章　　地方社会と律令官人

1　地方支配の拠点としての国府と国司

　律令制に基づく中央集権国家を形成するうえで、地方を統制・支配するために中央政府から派遣される地方官である国司は極めて重要な役割を果たすことになります。また、国司は天皇の意思を伝える使者でもあり、当時は「クニノミコトモチ」と呼ばれていました。律令的な中央集権国家では、中央政府から派遣される国司が、地方社会を伝統的に支配してきた在地の豪族を郡司（中央政府が任命）などとして統率することにより、律令国家体制を実現し維持・発展させることになります。

　7世紀半ばには、「東国国司」（『日本書紀』大化元年八月条）や「惣領」（『常陸国風土記』総記）が地方の監察・掌握のために派遣されたことがありますが、国司が諸国に常駐するようになったのは8世紀以降であり、地方の政治・経済・文化の拠点としての国府が営まれることになりました。

　①　国府とその機能

　国府（国衙）は、中央政府から派遣された国司が地方を統治・支配する政治拠点であると同時に、「国府交易圏」と呼ばれる国内経済の中心でもありました（栄原永遠男『奈良時代流通経済史の研究』塙書房 1992 年）。

　国府を構成する施設としては、政務・儀式・饗宴を主に行う場である国庁、行政の分担実務を行う職場である曹司、国司の居館である国司館、租税などを収納する正倉院（倉庫群）、国府に出仕する官人たちへの給食を行う厨、駅路の管理を行う駅家、海・川の港である国府津などがあります。その他、工房などの各種の「所」と呼ばれる施設もあったようです（渡辺滋「日本古代行政機構の展開過程」吉村武彦編『律令制国家と古代国家』塙書房 2005 年）。

　また、741 年（天平十三）の聖武天皇の勅により、8世紀半ばからは国

庁の周辺に国分寺・国分尼寺が建立され、国内の宗教・文化の発信地となっていました。

　地方豪族との服属関係を天皇に代わって再確認する「儀礼の場」としての国庁は、遺跡調査の結果、南北に方位をそろえた一辺100メートル程度の一定規模の方形区画の中に、東西棟の正殿・前殿・後殿とその東西の南北棟の脇殿が、左右対称に南に開く「コ」の字配置をとって南門との間で広場（庭）を囲むという構造が共通性を有し、8世紀後半から9世紀にかけて建物が礎石建物化されていきました（山中敏史「国衙・郡衙の構造と変遷」『講座日本史2』東京大学出版会1984年）。正殿・脇殿および広場が、儀礼を行う施設およびその空間となります。この構造は、平城宮の大極殿・朝堂院や太政官など官司の配置構造に模したもので、全国にミニ朝堂が建設されたことを意味します。

　国庁が果たす儀礼の場としての機能は、儀制令18元日国司条に見ることができます。

　　凡そ元日には、国司皆僚属郡司等を率いて、庁に向ひて朝拝せよ。訖りなば長官賀受けよ。宴設くることは聴せ。〈其れ食には、当処の官物及び正倉を以て充てよ。須いむ所の多少は、別式に従へよ。〉

ここでは、ⅰ国司長官が部下の国司や郡司たちを従えて、国庁正殿に向って天皇を対象とした朝拝の儀式を行い、続いてⅱ国司長官自らが部下の国司や郡司たちから賀礼を受け、その後ⅲ参加者たちで郡稲・正税を用いた饗宴を設けるという儀礼が定式化されています。天皇の代理としての国司と地方豪族としての郡司たちとの間で、天皇や国家に対する服属関係を再確認する意味をもつ儀礼は、毎年元旦に国庁を場として行われたのです。ⅰについては、時を同じくして平城宮においては天皇が

第7章　地方社会と律令官人　147

図7 国庁のプラン

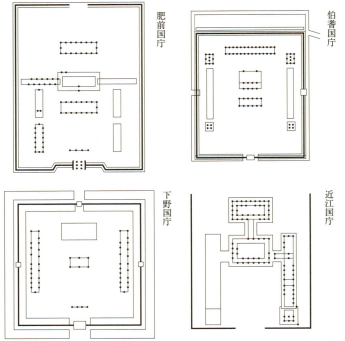

佐藤信『古代日本の歴史』放送大学教育振興会2001年より

大極殿に出御して、中央の文武官人たちから朝拝の礼を受ける儀式が行われていました。ⅲの饗宴の実態としては、国司以下郡司にいたる合計68人が会集し、飲食を共にする宴（共食の宴）が行われていたことが知られています（『大日古』2-13天平八年〈736〉薩摩国正税帳）。

　国務を行う場としての機能も共有していました。その機能として、以下の6機能が指摘されています（佐藤信「国府とその関連遺跡」『史跡で読む日本の歴史　4』吉川弘文館2010年）。

　≪財政機能≫　租税徴収とその保管のための機能で、その中心が正倉院です。国内で調達した調庸物を平城京に運ぶ際には、国府の正倉院において、国司から任ぜられた貢調使と調庸物を運ぶ運脚夫たちの出発の

儀式が行われたと思われます。

≪宗教・祭祀機能≫　仏教に関しては、国内の僧侶・寺院を統括する僧官として国師が置かれており、国分寺が設置されるまでは、国府の国司のもとに配置されていたと思われます。国分寺設置後は、国師の執務場は国分寺内に置かれました。

神祇・祭祀については、国府・郡家などの地方官衙を拠点として所属する官人たちによって行われました。国府の近くには、しばしば祭祀遺跡が存在します。国司による国内諸神祇への神拝や、地方神社への奉幣は、国司にとって赴任して初めに行うべき重要な国務でした。国内の神祇を祀って地域の祭祀を掌握することが国司の任務でもありました。

≪情報伝達機能≫　文書による情報伝達によって中央集権的な行政システムを機能させていました。国府からは、木簡・漆紙文書・墨書土器などの文字資料が大量に出土しています。国府における中央政府や隣国間との公文書のやりとりの頻繁な様子は、天平六年 (734) の「出雲国計会帳」（『大日古』1-586) によって知ることができます。

≪給食機能≫　給食は、下級官人たちを官衙での業務に専念させるために必要であり、また官人意識を再生産するための共食の儀礼であり、下級官人にとっては特権でもありました。国府に国厨・郡家に郡厨が置かれており、国厨の給食の対象は守・介・掾・目の国司館その他にまで広がっていました。

≪手工業編成機能≫　国府に属するさまざまな施設の造営や維持、さらに、中央への貢進物などのための諸生産を担う官営工房が付属して経営されていました。国府や郡家の周辺に各種の生産遺跡が存在していることからも理解できます。

≪交通機能≫　陸上交通では、平城京から地方にのびる七道の駅路が諸国の国府を結んでおり、国府にも約 16 ㎞ 間隔で配置される駅家が

置かれました。郡家には伝馬（でんば）が置かれ、行旅や運搬に利用されました。水上交通（海・河川）は、稲穀などの運搬に用いられていました。国府には港湾施設として国府津が置かれ、郡家の正倉院に租税の稲穀を納める運送の便宜から、郡家にも郡津が存在したと思われます。

　このように、国府は、多様な機能を有する官衙施設が集約的に配置された複合的存在で、さらにその周辺に官人居宅・集落、「国府交易圏」と呼ばれる地方の流通センターとなる「国府市」などがかなりの広がりをもって展開していました。そこには中央から派遣された国司の四等官だけでなく、国府に付属する官衙に出仕する「雑任」と呼ばれる下級官人たちやその家族、さらにさまざまな形で国司館や国分寺などに従属して生活する人々などが集住することになりました。

②　国司の地方支配

　地方の支配・統制を行う機関としての国府を構成する基本となるのは、中央から派遣される国司（守・介・掾・目）です。当時の諸国は大国・上国・中国・下国の4区分とされていましたが、大国の守の職掌を以下のように規定しています（職員令70大国条）。

　　　掌らむこと、祠社のこと、戸口の簿帳、百姓を字養せむこと、農桑を勧め課せむこと、所部を糺し察むこと、貢挙、孝義、田宅、良賤、訴訟、租調、倉廩（そうりん）、徭役、兵士、器杖、鼓吹、郵駅、伝馬、烽候、城牧、過所、公私の馬牛、闌遺の雑物のこと、及び寺、僧尼の名籍の事。

　以上のように、地方行政全般にわたっており、律令の原則では地方行政の権限と責任は国司にあることが示されています。しかし、彼らは、今で言えば中央官庁から県庁などに出向するキャリア官僚のような存在

で、任期も４年と長くはなく、国司の定員（四等官の合計）は大国６名・上国４名・中国３名・下国２名と、驚くほどの少人数です。実際には数名の史生（書記）が加わりますが、このような状況で任国のあらゆる事務を処理することなど望むべくものではありません。主な書類だけでも、国司から中央政府に毎年報告する正税帳（財政収支報告書）・大帳（賦課の基準となる計帳）・調帳（徴収した調の物品と関係書類）・朝集帳（官人の勤務評定に関係書類）とその枝文（付属書類）、さらに、６年ごとに戸籍（１里50戸で１巻）・田籍・田図などの登録関係書類も作成しなくてはなりません。併せてそれらの保管も義務付けられていました（戸籍は30年）。したがって、現場での実務は郡司以下の在地出身の下級官人が行い、彼等を監督・指導することにより、任国の支配・統制を円滑に行うことが国司の使命といえるでしょう。そのためには、国司にそれを実現できうる権限が与えられなければなりません。

　なお、郡司のほかに地方行政を支えたものに、軍事面では軍団の軍毅、宗教面では仏教の国師（僧尼の監督・諸寺の監査を行う僧官）・神祇祭祀の国造（地域の神祇を祀り、祭祀により国内を統括する豪族）の存在があります。８世紀の国造については詳らかではありませんが、その代表格が出雲国造で、出雲臣氏が代々これを世襲し、出雲大社社家千家・北島の両家として現代につながっています。ちなみに、職員令で定める地方官は、国司、郡司（大領・少領・主政・主帳）、軍団（大毅・少毅・主帳・校尉・旅帥・隊正）、国博士、医師、学生、医生ですが、選叙令・考課令の対象となり位階の獲得・昇進に預かる官人は、国司・郡司・国博士・医師および軍団の少毅以上です。

　国守が在任中に果たす重要な任務に、所管の郡内を巡行する「部内巡行」があります。その内容を要約すると、以下のようになります（戸令33国守巡行条）。

　１　民情を視察し、裁判の不正を糺すなど政刑の得失を調査すること。

2　五常の教え（父は義・母は慈・兄は友・弟は恭・子は孝）を広め、農業・養蚕を勧めること。

3　善行の者を顕彰・推挙し、悪徳非行の者を糺して矯正すること。

4　郡司の性行・政績を考査し、賞罰を行うこと。

　このように、礼の秩序を庶民に教導し、郡司の地方行政の実情を検察するものでした。

　国司の部内巡行が実際に行われた様子は、天平年間の正税帳に見ることができます。天平九年度 (737) の但馬国正税帳（『大日古』2-62 ～ 64）によれば、戸令33国守巡行条に従い、「春秋、官稲を出挙する」巡行・「風俗を観、併せて伯姓の消息を問わんがため」巡行・「伯姓の産業を領催する」巡行・「計帳手実を責める」巡行・「田租を検校する」巡行・「頴稲を穀と為す」巡行・「庸物を検校する」巡行・「当年官稲を収納する」巡行など、年間11回の部内巡行を行い、国司が実際に所管の郡の実情視察を行っています。国司は律令の規定を順守して、誠実に職務を処理していたことが分かります。その際の心得についても以下のように規定されています（戸令34国郡司条）。

　　　凡そ国郡司、所部に向ひて検校すべくは、百姓の迎えへ送るを受け、産業を妨げ廃め、及び供給を受けて、煩擾せしむること致すこと得じ。

　このことについては、当時の国司像の理想としてしばしば取り上げられる筑後守・道君首名の卒伝（『続紀』養老二年〈718〉四月十一日条）のごとく、中央から派遣された先進的で合理的な国司が儒教的徳治主義の実行により、在地の郡司（地方豪族）や庶民を教化すると共に産業を勧め、生活を

安定させ税収を確保することが求められていたのです（佐藤信「官衙と在地の社会」『日本の時代史4　律令国家と天平文化』吉川弘文館2002年）。

　中央から派遣された国司と在地の豪族である郡司との上下関係は、郡司の勤務評定者は国司であり（考課令67考郡司条）、五位以上の場合を除き、郡司が国司と顔を合わせた場合、たとえ位階が郡司より低い史生であっても、郡司は下馬の儀礼を取らなくてはならない位置づけでした（儀制令11遇本国司条）。さらに、728年（神亀五）には、郡司ら地方豪族の外五位については、国司の四等官に対して位階の上下に関わらず下馬することが命じられるにいたります（『類聚三代格』巻七神亀五年三月二十八日勅）。少初位上である下国の目に対して、五位の郡司は下馬しなくてはならないこととなり、国司の郡司に対する優位性が明確になりました。ここには位階の序列とは異なる原理が働いています。ただ、国司と郡司などの上下関係の位置づけは、令の規定によってのみ位置づけられるのではなく、国庁における日々行政実務での接点のみならず、四季折々の饗宴などの国司と郡司たちの密接な交流（大伴家持が越中守時代（746〜751）の歌、『万葉集』巻18—4071、同巻4136題詞、巻19—4250題詞など）を媒介として、再確認されていたのでしょう。

2　律令制と郡司の在地支配

　律令政府の地方行政組織は国府と郡家であることはすでに述べましたが、国府が郡家の上級機関として、軍事と司法および租税収取の法律上の監督機関であったのに対して、郡家は律令政府の地方行政の実務執行機関であり租税収取の実際上の拠点でもありました。

　ここでは、在地支配の拠点であった郡家の構造を確認し、在地支配を職務とする官人としての郡司の位置づけとその実態を考えたいと思います。

表 15　郡の区分（規模）と郡司の定員

郡の等第	所属里数	官職と定員			
大郡	16里〜20里	大領1人	少領1人	主政3人（1人）	主帳3人（2人）
上郡	12里〜15里	大領1人	少領1人	主政2人（1人）	主帳2人（1人）
中郡	8里〜11里	大領1人	少領1人	主政1人（0人）	主帳1人
下郡	4里〜7里	大領1人	少領1人		主帳1人
小郡	2里〜3里	領1人			主帳1人

（　）内は天平11年（739）に改訂された定員数

鐘江宏之「郡司と古代村落」『岩波講座日本歴史第3巻 古代3』2014年より

①　律令官人としての郡司

　地方行政に関わる官人としての郡司は、大郡・上郡・中郡・下郡・小郡に区分（職員令74 大郡条以下78 小郡条）され、表15に示したようにそれぞれの格（規模）に応じて官職と定員が定められています。

　郡司は、大領・少領・主政・主帳の四等官で構成され、大領・少領及び領が「郡領」と称され、所管の郡の行政責任者で、主政・主帳がその下で行政実務を担当していました。彼等の任用については、選叙令13郡司条に次のような規定があります。

　　　凡そ郡司には、性識清廉にして、時の務に堪へたらん者を取りて、
　　　大領、少領と為よ。強く幹く聡敏にして、書計に工ならん者を、主政、
　　　主帳と為よ。其れ大領には外従八位上、少領には外従八位下に叙
　　　せよ。〈其れ大領、少領、才用同じくは、先づ国造を取れ。〉

　官位令には、郡司の官職の位階相当は定められていませんが、このように外位とはいえ大少領の位階は八位であり、国司では大国の大目の従八位上、大国の少目・上国の目の従八位下に匹敵し、中国以下の目よりも上位に位置づけられています。郡領はそれぞれ外長上の官として扱わ

れています。また、郡司には職分田（輸租）が設定されており、大領には６町・少領には４町・主政および主帳にはそれぞれ２町が支給されます（田令32郡司職分田条）。この支給量は、大国の守の２町６段（田令31在外諸司職分田条）よりも優遇されています。さらに、行政能力が同じならば、国造から優先的に採用せよとあるように、当初より在地の豪族が郡司に任用されていたようです。実際には、国司が「譜第の優劣・才能の有無・一族内の地位の上下・長幼の順序」などを考慮して、候補者を選定して式部省に上申し、式部省はこれを受けて試問を経て最終的に決定します（『続紀』天平勝宝元年（749）二月二十七日条）。

　このように、郡司の位置づけが律令制の中にあって他の官職と異なった特徴を有していることを「非律令的性質」と指摘されていますが（坂本太郎「郡司の非律令的性質」『日本古代史の基礎的研究（下）』東京大学出版会 1964 年）、郡司が他の官人とは区別された存在として天皇との直接的な関係において任用されたもので（磐下徹「郡司と天皇制」『史学雑誌』116-12　2007 年）、国造制における国造の立場を継承した者が、律令制のもとで郡領に任用されたのでしょう。

　郡司といっても大領・少領と主政・主帳との間には、律令官人として大きな格差が存在しました。任官区分では、大領・少領は奏任、主政・主帳は判任となります（選叙令３任官条）。

　大領・少領に就任すると上記のように八位の位階が与えられ、主政・主帳にはそのような規定がなく、無位から始まり所定期間の勤務を経て少初位の位階が与えられます。さらに、大領・少領は八位の位階により課役免除ですが（戸令５戸主条）、主政・主帳はその任に就いている期間のみ徭役免除でしかありません（賦役令19舎人史生条）。このように、郡司の四等官には他の四等官に見られない特徴を有していました。

　ところで、郡司の身分は、「夫れ郡司の大少領は、終身を以て限りとし、

遷代の任に非ず」（『続紀』和銅六年〈713〉五月七日条）とあるように、終身官であると長く理解されていましたが、現在では、郡司は10年程度で新任者と交替し、実態として郡司の職は終身官として扱われていないことが指摘されています（須原祥二『古代地方制度形成過程の研究』吉川弘文館 2014年）。また、郡司（大・少領）の選任方法は、735年には譜第重視の方針が採られたり（『続紀』天平七年五月二十一日条）、757年には官人経験を補助資格とする（『続紀』天平宝字元年正月五日）など、たびたび変更されています。そうした状況が、郡司の地位をめぐる状況を大きく変化させ、在地の郡司になり得る階層内部での対立を顕在化させました。

　8世紀後半から9世紀前半にかけて、地方では郡家の正倉院から出火する事件が多発しました。当初は原因不明のため、神がおこした火災として「神火」（763年初見）と呼ばれていました。しかし、その実態は宝亀十年（779）十月十六日の格（『類聚三代格』巻十九禁制事）にあるように、郡司の失脚を狙ったり、国司・郡司が正倉の稲穀の使い込みを隠蔽するための放火が目的であることが主要な目的でした。このことは、個人的な理由ではなく、地方において郡司の地位をめぐる争いか頻発していること、さらに、他を圧するだけの勢力を持った地方豪族の存在が希薄になっていたことに起因すると思われます（鐘江宏之「郡司と古代村落」『岩波講座日本歴史第3巻 古代3』2014年）。

　②　郡司と在地支配の位置づけ

　奈良時代の地方行政は、実質的にはほとんど郡司を媒介として行われていました。しかし、大化前代の国造が持っていたような、一般行政・司法・軍事・司祭などを包括する権限は持っていませんでした。郡司が一般行政・司法、なかでも徴税と勧農を中心とした民政を担当する点では国司と共通していますが、軍事と宗教面には関与していないことになっています。大宝律令施行に伴って、軍事（軍団）は軍毅が、宗教面

は国造（神祇）・国師（仏教）が担当することになったのでしょう。したがって、郡司は、律令国家の地方行政区画である国の中に司法・行政の基礎単位として置かれた郡の政務を担当する地方官人であり、軍毅および国造・国師と共に、中央から派遣された国司が統括する体制に組み込まれていました。

　郡司の行政的職務として、所管郡内の耕地開発にともなう徭役の徴発、郡稲をはじめとする公出挙の行使、租帳・計帳などの文書の作成などがあります。また、賦役の徴収にあたる「徴税丁・調長・服長・庸長・庸米長」なども、郡司の管轄にありました。徴収した稲米を保管する正倉も郡ごとに置かれており、調庸物の運京にも綱領郡司が当たっていました（義江彰夫「国衙支配の展開」『岩波講座日本歴史4　中世1』1976年）。こうした職務を通して、所轄郡内の中小豪族に対する郡司の地位は、徐々に高められていったと思われます。

　司法的職務としては、笞罪は刑の執行まで、杖罪以上は刑量の確定までが郡司に権限が与えられていました（獄令2郡決条）。さらに、811年（弘仁二）の詔には、譜第の郡司でないと「訟を聴くに、即ち決断伏することなし」（『類聚三代格』巻七弘仁二年二月二十日詔）と述べられており、譜第郡司の権威が在地の秩序維持に大きく影響していたことが分かります。

　司祭的職務については、前述のように国規模では国造・国師に職務が移っていましたが、郡規模の司祭については、一定の影響力を持っていたようです。たとえば、諸国で行われる大祓（公的な祓の行事）には郡に供進の規定（神祇令19諸国条）があり、地方寺院の大半は郡司の援助のもとに建立され、国分寺の中にも郡寺を転用したものがあります（井上薫「郡寺と国分寺」『続日本古代史論集（上）』吉川弘文館1972年）。

　このように、律令制における地方行政を実質的に担っていたのは郡司であり、郡司で代表される在地の豪族層も律令制に組み込まれることに

より、みずからの勢力を補強することができる利点を有していたと思われます。

軍事的職務については、軍毅（大毅・少毅および毅）が諸国に置かれた軍団（2〜4郡に1軍団、兵士1000人が標準兵士数）を指揮していました。軍毅は、国司が所管する国内の散位・勲位および庶人の武芸に優れた者から選任することになっていましたが（軍防令13軍団大毅条）、実際には郡司の一族から選ばれることが多かったと思われます。軍団は、制度的には国司に直属することになっていましたが、軍毅には郡司や国造の一族から選ばれることが一般的で、出雲国意宇軍団のように、軍団が郡家に属していた例もあります。なお、軍団制は編戸制と同様に天平年間にいきづまり、最終的には、792年（延暦十一）の健児制の設置と同時に廃止されました。

③　郡司の在地支配の実態

郡司が在地支配の拠点とした官衙を郡家と呼んでいます。郡家遺跡の成立は、国府の成立する8世紀前半よりも早く、7世紀後半に成立していたようです（菱田哲郎「考古学からみた古代社会の変容」『日本の時代史5 平安京』吉川弘文館2002年）。郡家の構成は、政務および儀礼が行われる郡庁、それに付属する曹司、郡司の居館となる郡司館、国家財源の稲・穀を貯える倉庫群である正倉院、郡家における給食を担当する厨、そして駅家その他の雑舎となっています。各施設は、複数の掘立柱建物から構成され、塀などで囲まれて院と呼ばれる空間（郡庁院・正倉院など）になっています。郡庁を中心とした郡庁院は、中央官庁や国庁にならって、正殿・東西脇殿・前庭を南門が開く区画施設が取り囲む「コ」の字配置を取っており、その規模は50メートル四方程度が一般的なようです（山中敏史『古代地方官衙遺跡の研究』塙書房1994年）。また、ひとつの郡内に複数の官衙遺跡が存在する場合（福岡県小郡市内の小郡官衙遺跡・井上薬師堂遺跡・上岩田遺跡など）がありますが、前述したように郡司が頻繁に交代（須原祥二『前掲書』2014年）

しており、新たに郡司職に就いた豪族の支配地域に郡家が設けられたとも考えられます。

　郡司により郡家を拠点に管轄郡内の支配が行われることになります。郡の規模を考えた場合、たとえば16里で構成される大郡では、1里は50戸からなり、1戸は20〜25人とすると、1里で1000〜1250人程度、16里では16000〜20000人にもなります。それゆえ、郡内支配は当然のように制度的および組織的に行われていました。郡司四等官8名（大郡の場合）の下、律令に規定がある「里長（郷長）」（8世紀中頃に郷制に移行）、規定にはありませんが郡の雑務に従事した「郡雑任」がその任にあたっていました。彼らは在地の中小の豪族などの有力者の家柄から採用されていたと思われます。

　里長には、行政実務として諸々の文書を作成する必要があるので、そうした能力を持ち得る可能性の高い郷内の有力農民から採用されたと思われます。ただし、里長は里内の白丁（庶民）から採用することが原則（戸令4取坊令条）で、職務に対しての位階は与えられず、当然のこと禄などの給与もありませんが、庸と雑徭が免除されました。里長と同じような条件で職務に就いているものとして、駅家の駅長、牛馬の牧の牧長・牧帳、狼煙台の烽長などがあります。これらの職務は、制度的に国司の管轄下にあるものですが、駅長が郡司の命令を受けている場合もあります（「加賀郡符牓示木簡」『発見！古代のお触れ書き』石川県埋蔵文化財センター編大修館書店2001年）。

　郡雑任には、表16にあるように多くの職務が存在しました。これらの職務は律令に規定がありませんので、その職務にたいして租税免除などの処置はなされていません。弘仁十三年（822）閏九月二十日太政官符（『類聚三代格』巻六）には「食を給うべき徭丁のこと」として、職務そのものが雑徭に位置づけられていました。

第7章　　地方社会と律令官人　　159

表16　郡の下級職員・徭丁

案主（文書起案、雑事管理）	郡別2人
郡書生（文書の清書）	大郡8人、上郡6人
	中郡4人、下郡3人
鑰取（鍵の管理）	郡別2人
駆使（雑用）	大郡15人、上郡12人
	中郡10人、下郡8人
厨長（厨房の長）	郡別1人
駆使（厨房の雑用）	郡別50人
器作（器具の製作）	郡別2人
造紙丁（紙作り）	郡別2人
採松丁（たいまつ作り）	郡別1人
炭焼丁（炭作り）	郡別1人
採藁丁（わら作り）	郡別2人
蒭丁（まぐさ作り）	郡別3人
伝使鋪設丁（伝使の接待）	郡別4人
伝馬長（伝馬の管理・運営）	郡別1人
	大郡計94人
徴税丁（租・出挙の徴集）	郷別2人
調長（調の徴集）	郷別2人
服長（機織りの管理）	郷別1人
庸長（庸の徴集）	郷別1人
庸米長（庸米の徴集）	郷別1人
税長（正税の管理）	正倉官舎院別3人
駅使鋪設丁（駅使の接待）	駅別4人

中村順昭『地方官人たちの古代史』吉川弘文館 2014 年より

里長にしても郡雑任にしても、律令国家においては官人の範疇に入るものではありませんが、現実の地方行政（在地支配）を円滑に運営するには、郡司の指揮・命令の下に、現地に精通したこれらの人々による下支えが必要であったのです。と同時に、郡家も国府も中央政府と同様に、多くの行政組織と分掌によって構成されていました。

3　多賀城と大宰府

　律令国家は、外敵と接する地域を管轄するための特別な機構として、東の支配の拠点として多賀城を、西の支配の拠点として大宰府が設置されました。

　多賀城は、軍政面では鎮守府（陸奥国に置かれた軍事機構）が置かれ、東北地方全体を管轄していましたが、行政面では、陸奥国府として陸奥国

を管轄するにとどまっていました。東北地方全体の行政に対しては、陸奥国守は陸奥按察使（地方監察のための臨時の官）を兼任していましたので、監察という立場にありました。

これに対して大宰府は、「遠の朝廷」といわれる大規模な官人機構をそなえ、国防と外交を主要な任務とする官司として、西海道の諸国を管轄していました。また、防人司をもち、西海道の軍団を国司を通じて動員し得るなど、軍政面でも西海道を統括していました。

① 多賀城

多賀城の初見は、737年（天平九）4月（『続紀』天平九年四月十四日条）で、「多賀柵」と記されています。多賀城それ自体の初見は、780年（宝亀十一）3月に多賀城が伊治呰麻呂に攻められ、略奪放火された時（『続紀』宝亀十一年三月二十二日条）です。多賀城は、按察使の居所・陸奥国府とされ、鎮守府もここに置かれ、東北地方支配の最重要拠点として蝦夷の勢力に対抗しようと、律令国家は考えたのでしょう。なお、鎮守府は802年に胆沢城に移されました。

多賀城の所在地は、宮城県多賀城市市川浮島で、仙台平野北端の低丘陵に位置しています。外郭は、南辺860m・東辺1040m・西辺660m・北辺780mの築地や材木塀で区画され、東・西・南に八脚門を備えており、このほぼ中央に政庁、城内の各所に官衙施設・工房・兵舎などが配置されていました。なお、遺構重複関係から第Ⅰ期（724～762年）・第Ⅱ期（762～780年）・第Ⅲ期（780～869年）・第Ⅳ期（869～10世紀後半）の変遷が確認されています。

政庁は、東西100m・南北120mを基底幅約2mの築地で区画し、四辺には門も設けられていました。南門を入ると、正面に正殿・その両側に脇殿があり、これらに囲まれた空間が広場となります。さらに、第Ⅱ期には正殿が基壇をもつ四面廂の礎石建物となり、主要な建

第7章　地方社会と律令官人　161

物は瓦葺きで、丹土（ベンガラの一種）で赤く塗られているなど、さな
がら平城宮を模した儀式空間であり、政庁が国内の郡司や蝦夷を集
めて儀式を執り行う場としての機能を果たしていたと思われます。ま
た、政庁付近から多量の硯が出土している事実から、東の辺境地におい
ても、地方の下級官人による文書行政の浸透がうかがわれます（青木和夫・
岡田茂弘編『古代を考える　多賀城と古代東北』吉川弘文館 2006 年）。

　多賀城の東南 1 キロの丘陵上には、伽藍配置が大宰府の観世音寺に
類似する多賀城廃寺が存在します。8 世紀後半には、多賀城南門か
ら南に延びる南北大路とそれと直行する東西大路を基軸として小路が
配置されて方格地割が形成され、大路に面した区画では大規模建物の
跡や高級陶磁器などが発見されており、そのあたりに国司館が構えら
れ、その周辺に多賀城で勤務する下級官人などの住居が存在したので
しょう。

　多賀城からは多くの漆紙文書や木簡も出土していますが、多賀城跡の
発掘成果なども含めて総合的に考えれば、多賀城が単なる軍事的拠点で
はなく、東北地方に実現した律令国家の拠点的行政官庁であることが明
らかとなるでしょう。

　②　大宰府

　大宰府は、筑前国に設置された官司で、外交使節との交渉や接待、中
央への連絡など独自の機能をもち、軍事面では、防人の指揮や軍事施設・
兵器の維持などの任にあたりました。大宰府の財源には西海道諸国の調
庸物などが充てられ、管下の西海道諸国に対しては、中央政府に代わり
監督権限を持っていましたので、西海道の地方行政組織は、大宰府と国
の二重構造になっていました。職員令に規定された大宰帥の本来の職務
は、蕃客（使節の入国管理）・帰化（定住外国人の受入れ）・饗讌（外国使節に対す
る饗宴）という外交儀礼に関わるものだけでした（同令 69 大宰府条）。なお、

図8　政庁変遷図

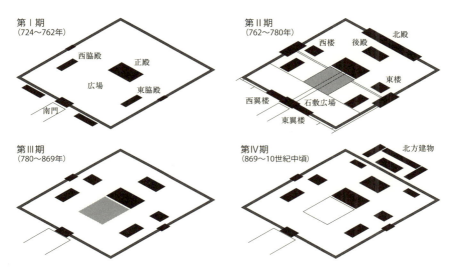

高野芳宏「多賀城」田辺征夫・佐藤信編『前掲書』2010年より

　藤原広嗣の乱後の742年（天平十四）に一時廃止されましたが、745年（天平十七）に複置されました。

　職員令69大宰府条によれば、四等官の定員は、帥1人・大弐1人・小弐2人・大監2人・少監2人・大典2人・少典2人の計12人となっています。この規模は、中央官司の定員より多く、長官である帥の相当位は従三位で大納言につぎ、大弐は正五位上ですが、実際は従四位がほとんどで、四等官の官位相当は外官としては異例に高くなっています。また、四等官の上位に「主神」（大宰府管内の祭祀を司る・正七位下相当）を置く構成は、中央官制の神祇官と太政官に対比されます。さらに、専門職である品官（大小判事・博士・陰陽師・主船など）が多く置かれ、長上官だけでも50人、事力・使部などの番上官を加えると584人程度の官人数になり、大宰府に関係する人々の総数は数千人とも言われています（竹内

第7章　地方社会と律令官人　163

理三「大宰府政所考」『史淵』第71輯1956年）。大宰府は、中央政府の縮小版とでも言えるにふさわしい官人規模を備えていました。

　大宰府の長官である帥は、大宝令制定後は大伴旅人をはじめ当初から公卿が任命され、現地に赴任し、任期を終え帰京し、大納言以上に昇任する者もいました。ただ、参議・中納言と兼任している場合などは遙任（赴任を免除され、その収入は得る）として現地に赴きません。藤原武智麻呂などがその例でしょう。9世紀半ば以降は、もっぱら親王の名誉職となって赴任せず、代わって権帥または大弐が実質的な長官の役割を果たしました。平安時代には、中央顕官の左遷先として権帥が位置づけられることもあり、その例として菅原道真（従二位右大臣）や源高明（正二位左大臣）などがあります。

　大宰府は、現在の福岡県太宰府市を中心とした地域に置かれました。大宰府の中心である政庁は、東の月山丘陵と西の蔵司地区にはさまれたところに位置し、第Ⅰ期（7世紀後半）・第Ⅱ期（8世紀初頭）・第Ⅲ期（10世紀後半から12世紀前半）の3時期の遺構が重なって存在していました。

　奈良時代に成立した第Ⅱ期の政庁は、東西215.5m・南北119.2mの規模の空間に、平城宮の朝堂院形式を採用した礎石建物で、南門・中門・正殿・後殿・北門を南北直線的に配置し、正殿から中門へ回廊がコの字に巡り、内庭部の東西に脇殿が各2棟並び、北門や南門から延びる築地がそれぞれ回廊に取り付いています。正殿は、7×4間の礎石建物で、桁行28.5m・梁行13.0mの規模で、3段の作出しの礎石を持ち、外観は10m以上の2階建てで、正面は吹き抜け構造となっていました。

　政庁の後背で発見された8世紀初頭の掘立柱建物北側の土坑からは、800点を超える木簡が出土しています。それらの多くは習書木簡の削屑であることから、正殿の後方には、下級官人たちの何らかの執務空間が存在したと思われます。

164

大宰府政庁を中心とする地域には、大宰府管下の 19 の官司（政所・税司・公文所・大帳司・蔵司・防人司・警固所・大野城司・蕃客所・主厨司・主船司・匠司・修理器仗所・薬司・貢上染物所・作紙所・兵馬所・貢物所・学校院）が存在しました（『延喜式』巻二十三民部下他）。この地域は、東西 870m（八町）・南北 430m（四町）とその南に東西約 400m の張り出しを持つ範囲が想定されています（石松好男「大宰府府庁域考」『大宰府古文化論叢』上巻吉川弘文館 1983 年）。そして域内には、「学校院地区」「月山東地区」「日吉地区」「前面広場地区」「不丁地区」「蔵司地区」「来木地区」「政庁後背地区」などに分けられる、8 世紀前半以降に造営されたと思われる官衙が確認されています。

　大宰府内の寺院には、観世音寺・四王寺・竈門山寺・筑前国分寺などがありました。観世音寺は、天智天皇が母斉明天皇の供養のために発願した寺で、発願より数十年後の 746 年（天平十八）に完成しました。

　また、大宰府においても平城京と同じように、方一町（109m）を条坊の単位として、南北 22 条・東西左右各 12 坊の大宰府条坊が復元され、府庁域を方四町・観世音寺を方三町・学校院を方二町と推定されています（鏡山猛『大宰府都城の研究』風間書房 1968 年）。大宰府においても、平城京に近い条坊制の都城景観が想像されます。ただし、この考えは近年の発掘調査の成果により、いくつかの点で見直しを迫られています（井上信正「大宰府条坊について」『都府楼特集：大宰府史跡発掘調査四〇周年』第 40 号 2008 年）。

第8章　　律令官人の教養と実務能力

1　漢字文化の時代

　律令国家の確立によって、あらゆる行政命令・実務連絡などを原則的に文書を通じて行う文書行政の時代に突入しました。そのことが文字を自在に操って法令や歴史書・地誌などを編纂し、また、独自の文学作品を生み出すまでに、わが国の文字文化を高度に発達させる要因でもありました。律令制を導入する前提として、中国の文字（漢字）文化を受け入れ、漢字を使用することで自らの言葉を表記する時代に突入したのです。

　8世紀中頃までには、律令の編纂（701年）をはじめとして、『古事記』(712年)『日本書紀』(720年)『風土記』(713年編纂開始)『万葉集』『懐風藻』(751年)などが成立しています。しかしその陰で、すでに失われ現存しない書籍（逸書）も相当数ありました。奈良時代を通覧する『続日本紀』にも、以下のような逸書が載っています。

- 『年代歴』（大宝元年三月二十一日条）
- 『国造記』（大宝二年四月十三日条）
- 『神祇官記』（慶雲三年二月二十六日条分註）
- 『秦大麻呂問答六巻』（天平七年五月七日条）
- 『愚志一巻』（天平十六年十月二日条道慈卒伝）
- 『高麗旧記』（天平勝宝五年六月八日条）
- 『近江朝書法』一百巻（天平勝宝八歳八月四日条）
- 『田村記』（天平宝字元年六月二十八日条）
- 『勝宝九歳記』（神護景雲元年九月二十三日上道正道卒伝）
- 『瑞式』（神護景雲二年九月十一日条）

　また、平安時代中〜後期に成立したと思われる『本朝法家文書目録』

（『続々群書類従』第十六雑部）には律令格式など四十三部の法制関係書目が載っていますが、そのほとんどが現存していません（吉岡眞之「古代の逸書」『文字と古代日本5　文字表現の獲得』沖森卓也他編吉川弘文館 2006 年）。

　このように、現在は逸書となっているものも含め多くの書籍が書かれ、それらが多くの人々に読まれ、その内容が理解されていたのも歴史上の事実です。さらに、漢字文化の受容は、意思の疎通のみならず、仏教・儒教・律令諸法や先進技術・諸文物などを複合的な先進文化として、当時の社会の中で大きく展開されていきました。このことは、中国を中心とする東アジア諸国との関係・交流という国際的契機が日本の律令国家形成に際して極めて重要な役目を果たしていたことを意味します（石母田正『日本の古代国家』岩波書店 1970 年）。

　漢字文化の時代を支えたもうひとつの要因は、遣唐使によってもたらされた大量の書籍（例えば、吉備真備は『唐礼』130 巻、玄昉は経論 5000 余巻などを将来）が、漢籍でも経論でも直ちに活用できるシステムが構築されていたからだと思われます。中務省の図書寮が漢籍・経論を保管する機能を有し、写書手・装潢手（装丁を担当）・造紙手・造筆手・造墨手を採用し、紙戸（紙の原料栽培と製紙）を管理して、いわば官立印刷工場を運営し、また、平城京内外の大寺院は写経所を経営するなかで、大量の書籍が書写され、中央の上級（貴族）官人のみならず地方の下級官人に至るまで流布することのできる態勢が整っていました（青木和夫「天平文化論」『岩波講座日本通史第四巻　古代 3』1994 年）。

2　律令官人と漢字文化の受容

　日本の律令国家が中国を模範として、中央集権国家の官僚機構を運用するための文書行政を導入したことにより、中央官庁のみならず地方の

国府および郡家などにおいても、漢字文化の理解と運用が必須となりました。漢文の読み書き能力と儒教の教養を身につけた大量の官人の養成が、中央・地方を問わず、文書行政を円滑に遂行する上で重要な政治課題ともなりました。

　このことについては、中央の大学および地方の国学における官人養成制度を主体に論ぜられてきましたが、全国の地方官衙遺跡などから大量の木簡や漆紙文書・墨書土器・文字瓦などの出土文字資料が発掘される状況を踏まえて、新たな検討が進められています（佐藤信『出土史料の古代史』東京大学出版会 2002 年）。

　①　律令官人と漢籍

　律令官人の世界では、読み書きの手本として『千字文』と『論語』が広く普及していました。その知識の基礎の上に詩文集が読まれ、日々の実務や作文の典拠となり、官人としての教養と実務能力を高めていました。文字（漢字）を自在に扱えることが、官人として出世する最低条件でもありました。

　漢籍の場合は、一般的に漢字・漢文の習得や教養・学問の幅を広げるという目的があったと思われます。こうした目的の対象となった漢籍には、以下のような書籍がありました。

　≪『千字文』≫　この書籍は、中国梁の周興嗣（？～ 521）の作といわれ、四字一句が 250 句、重複のない 1000 字からなる文章で、中国では漢字を学ぶ際の初学者の教科書とされておりました。日本には朝鮮半島を経由して取り入れられましたが、律令や内典（仏教の経典）・外典（仏典以外の書物）の注疏に引用されるなど、一定のレベルの書籍として意識されていたと思われます。756 年（天平勝字八歳）に東大寺に施入された聖武天皇の遺愛品目録である「東大寺献物帳」に『千字文』が記載されていますので、奈良時代中期には官人層に広く普及していたようです。

正倉院文書には７例の習書が残されています（東野治之『正倉院文書と木簡の研究』塙書房 1977 年）が、そのうちの１例を挙げておきます。

　　　　千字文　勅員外散騎侍郎周興嗣次韻
　　　　天地玄黄宇宙洪荒日月盈但辰宿列張
　　　　聞三論等可信

　　　　　　　　　　　　　　　（続集別集四八、大日本古文書未収）

　木簡に書かれた例として、平城京薬師寺の井戸から出土した木簡を挙げておきます。なお、この木簡は、716 年（霊亀二）に書かれたものです。

　　（表）　「池池天地玄黄
　　　　　　宇宙洪荒日月
　　　　　　霊亀二年三月」
　　　　　（裏面省略）

　　　　　　　　　　　　　（木簡学会編『前掲書』岩波書店 1990 年）

　この２例は、いずれも『千字文』の冒頭部分を記したものです。
　≪『論語』≫　この書籍は、『千字文』と同様に初学者の教科書として位置づけられています。また、大学寮において儒教思想を学ぶ教科書として『孝経』と共に各科必修の書籍とされていますので（学令５経周易尚書条）、律令官人にとっては、基礎的な知識の書籍と位置づけられていました。天平期に、丹比真人気都という人が『論語』を読誦できたという記録が残っています（『大日古』24-554 読誦考試歴名）。木簡に書かれた例としては、次のようなものがあります。

　　　　　　　　　　　　　第８章　律令官人の教養と実務能力　　171

藤原京出土木簡（木簡学会編『木簡研究』創刊号 1979 年）

　　（表）「子曰学而不□　×

　　　　（裏面省略）

　この木簡は、『論語』為政編の「子曰、学而不思則罔、思而不学則殆」
の一部と思われます。

平城京出土木簡（木簡学会編『日本古代木簡集成』東京大学出版会 2003 年）

　　　　　　　　　　　〔佾カ〕
　　「孔子謂季氏八□□
　　　　□□

　平城京跡左京二条二坊十・十一坪の間の二条条間路北側溝から出土し
た削屑で、奈良時代の木簡です。『論語』八佾編の冒頭が記されています。

観音寺遺跡（徳島市）出土木簡（木簡学会編『前掲書』2003 年）

　　（左側面）　子曰　学而習時不弧□乎□自朋遠方来亦時楽乎人不
　　　　　　　知亦不慍

　　　　　　　　（他面省略）

　この木簡は、四面に文字が記され、左側面に『論語』学而編の字句が
書かれています。伴出した土器から 7 世紀後半を下限とする時期のもの
と考えられています。
　この他にも、藤原宮跡や平城宮跡からは『論語』の一節が記された

木簡が複数出土していますが、最近では、地方の遺跡からも『論語』の一部が記された木簡が多数出土しています。地方への漢字文化の広がりを意味するものでしょう。

『千字文』や『論語』は、西域のトルファン・敦煌発見の史料中にも写本や習書が見えており、中国周辺諸地域で中国文化を摂取する際の基本的書籍と位置づけられていたようです（東野治之『前掲書』1977年）。

≪『文選』≫　この書籍は、中国六朝時代（6世紀）に成立した詩文集で、周から梁に到る約1000年間における代表的な賦・詩、各種文章800編を、37の文体に分類収載されています。『文選』は、養老令条文にも大学の教科書としての位置づけはありません。しかし、官人登用試験である省試において、進士科のコースを受験する者には政治の要務に関する論文を美文で書かせ、『文選』および『爾雅』の暗誦読解能力が試されることもあり（『令義解』巻四選叙令秀才進士条・考課令進士条）、また、文章や詩を作る際の手本として重要なものでもあったので、奈良時代の官人社会においては、教養書としてたいへん重視されていたと思われます。

正倉院文書にも次のような習書が存在します（『大日古』11-176 天平勝宝二年〔750〕三月三日造東大寺司牒案）。

　　無道人之短、無説己之長。施人慎勿念、受施慎勿

　　忘。世誉不足慕、唯仁為綱紀。（以下略）

この二行は『文選』李善注（唐の李善が注釈を加えた文選）第56巻に載せる後漢の崔子玉による「座右銘」の冒頭、「人の短を道うこと無かれ。己の長を説くこと無かれ。人に施しては慎んで念う莫れ。施を受けては慎んで忘るる勿れ。世誉は慕うに足らず。唯仁をのみ綱紀と為す」の習書と思われます。

第8章　律令官人の教養と実務能力　173

平城宮跡からも次のような木簡が出土しています（木簡学会編『前掲書』1990年）。

　　　　　　　〔道カ〕
　　言臣善言窃以以□光九九野臣善言窃以道

　この木簡は、内裏北外郭官衙のごみ捨て穴から出土したもので、『文選』李善注の上表文を写したものです。

　また、平城京から遠く離れた秋田城跡の井戸から、八世紀半ばに破棄されたと思われる『文選』に所収されている魏の曹植作「洛神賦」の一部が書かれた木簡が出土しています（木簡学会編『木簡研究』創刊号1979年）。さらに、胆沢城跡（水沢市）からも、「文選」という文字が記された漆紙文書が発見されています（水沢市教育委員会『胆沢城跡昭和56年度発掘調査概報』1982年）。

　このように、平城京の官人のみならず、東北地方の辺境の城柵に勤務する地方官人らの間にも『文選』を習書する習慣があったとするならば、その普及の広さに驚かされます。

　　　　　　ぎちょうじ むさく
　≪『魏徴時務策』≫　時務策とは、施政の方針を論じたもので、この場合は魏徴（唐の太宗の重臣で、『群書治要』の著者）の著した時務策ということです。進士の登用試験には時務策が出題され（考課令72進士条）、答案には文章語句が理路整然としていることが要求されていました。それ故、『魏徴時務策』が登用試験の模範例文集として活用されていたようです（東野治之『前掲書』1977年）。

　木簡に書かれた『魏徴時務策』の削り屑の例を挙げておきます（木簡学会編『前掲書）』1990年）。

　　　　　　　　　〔時カ〕
　　「特進鄭國公魏徴□務□壱巻　　問［　　　　］
　　　　　　　　　　　　〔策カ〕

174

この木簡の削り屑は、大宰府政庁正殿東北の回廊内のゴミ捨て穴から出土したもので、奈良時代中～後期に大宰府の書生（書記担当の雑任）によって書かれたものです。大宰府の下級官人においても『魏徴時務策』が手の届く書物であったようです。

　≪『王勃集』≫　この書籍は、中国初唐の文人王勃の詩文集で、中国ではすでに散逸してしまいましたが、慶雲四年（707）七月二十六日の奥書を有する『王勃詩序』1巻が正倉院に伝えられていることで有名です。ここでは、『王勃集』の詩序が書かれた平城宮出土の木簡を3例挙げておきます（木簡学会編『前掲書』1990年）。

　　易断惜風景於也

　　惜風景於

　　滑稽権大滑稽□

　内裏北外郭官衙で天平末年に埋められたゴミ捨て穴から出土した木簡の削り屑で、いずれも同筆のものです。王勃の「初春、権大が宅にして宴する序」の文中の「羇心断つこと易く、風景を他郷に惜しむ」「権大官い滑稽名士」の文言を写したものです（東野治之『前掲書』1977年）。

　このほかにも、『楽毅論』『老子』『尚書』などが官人たちの習書の対象となっていました。いずれの場合も断片的な内容でしかありませんが、漢籍・漢詩文の普及を直接的に示す史料であり、当時の律令官人の教養および学問・文学の水準を垣間見ることができます。なお、漢籍の習書はその冒頭部分を記したものが圧倒的に多い傾向にあるよう

です（新井重行「習書・落書の世界」『文字と古代日本5　文字表現の獲得』沖森卓也編吉川弘文館 2006 年）。

②　律令官人と令文および文書類など

当時の律令官人が習書などの対象としていたのは漢籍のみならず、出土・発見例は多くは在りませんが、令文・公文書・九九や和歌さらには書儀（書簡文例集）を記したものなども存在します。

≪令文の例≫

（表）「家官戸家人公私奴婢皆当□

（裏）「凡官奴婢年六十六以上乃□

（木簡学会編『前掲書』1990 年）

戸令 35 当色為婚条と同 38 官奴婢条を表裏に記したもので、平城宮の東張出し部東南隅の発掘で坊間大路西側溝から出土した木簡で、奈良時代前半のものと思われます。内容的には、大宝令文である可能性が強いようです。

（表）　醫醫醫疾疾疾疾第十九九凡凡醫博博咒咒禁博博士士亦

　　　　士選選選醫師師内内法内内法術術優優准此此凡凡醫生

　　　　　　□□　　　　　　　□□　　　　□□

（裏）　大伴

（木簡学会編『前掲書』1990 年）

医疾令を記したもので、平城宮の東張出し部南西隅の南北溝とその下流から出土しており、伴出の木簡の年紀によって養老および神亀年間頃のものと思われます。したがって、内容は大宝医疾令の条文です。

≪公文書の例≫

「木工寮　　『□』　　申請□×

　　『木工寮□□□』

（木簡学会編『木簡研究』第三号 1981 年）

　平城宮跡から出土した木簡です。上の一行が木工寮の解文の正文で、同じ文章を記したのち廃棄されたものです。

　　　（表）「□請請解謹解謹解申事解□奈尓波津尓」
　　　（裏）「佐久夜己乃波奈□□□　　　　　　　　」

（木簡学会編『木簡研究』第九号 1987 年）

　これも平城宮跡から出土した木簡で、表面には「請」「謹解」「申」などの上申文書に用いられる文字が書かれており、何か日常品（食料品か）の申請に関わりがある下級官人の手になるものでしょう。

　≪九九を記した例≫
　　　（表）×四五　四九卅六　三九廿七　二九十八」
　　　（左側）　　　　［　　　　］　□□□□　　七々四九」
　　　（裏）　　　　　　　　　　　　　×廿四　三六十八」
　　　（右側）　　　　　　　　　　［　　　　］　　　　」

（木簡学会編『木簡研究』第八号 1986 年）

　長岡京跡から出土した木簡で、厚手の板材の四面に九九が記されています。表面に九の段、左側面下部に八の段と七の段、裏面に六の段の一部が認められます。九九も当時の下級官人にとっては暗記されるべき素養のようです。ちなみに、九九の各段および各組の順序は現在と逆になっています。

　≪和歌の例≫
　　　□家之韓藍花今見者難写成鴨（『大日古』10-233）

「□家のから藍の花今見れば写しがたくもなりにけるかも」という和

第 8 章　律令官人の教養と実務能力　　177

歌が、正倉院文書の余白に書かれたものです。他田水主の作（内藤乾吉「正倉院古文書の書道史的研究」『正倉院の書蹟』正倉院事務所編 1964 年）と言われており、下級官人による詩・歌の文学的素養の一端をうかがうことができます。

≪書儀の例≫

（表）「杜家立成雑 書要□□書□□□□□　　　」

（裏）「杜家立成雑書要略一巻雪寒呼知故酒飲書」

（木簡学会編『木簡研究』第二十一号 1999 年）

宮城県市川橋（多賀城関連）遺跡から出土した 8 世紀半ばの木簡で、『杜家立成雑書要略』（隋～初唐の杜正蔵撰）という書儀の名と本文が記されています。手紙などのさまざまなやりとりのための模範例文集として位置づけられており、文書行政の進展によって、さまざまな文書を書く機会が増えたことが、こうした例文集を短期間のうちに平城京から遠く離れたこの辺境の地へもたらしたのでしょう。なお、この書籍については、光明子（聖武天皇の皇后）直筆の写本が正倉院に残されています。

このほかにも、地名や物品名を繰り返し記した木簡などもあり、帳簿や荷札木簡を作成するための手習いと思われます。日常的に膨大な量の文書を処理する下級官人にとっては必要最小限の知識と技術の再認識行為であったと思われます。

3　下級官人にとっての漢字・漢文の習得とは

律令官人が漢字・漢文習得を目的として記した習書例（木簡・墨書土器・漆紙文書など）は、ささやかな断片史料でしかありませんが、当時の官人たちの教養や学問のあり方、対象となった書籍の普及度合など、さらには、行政実務の実態をも理解するための大切な史料ともなり得ます。

本格的な律令官人制が成熟していった奈良時代においては、官人とな

るべき人々には当然読み書きの知識が要求されたでしょうし、文書による事務処理や儒教的政治理念というたてまえからしても、識字能力とある程度の教養を兼ね備えた大量の官人を必要としていました。先に述べたように、奈良時代中頃には下級官人が『論語』『文選』『王勃集』などを読習し、その教養の一部を成していたのも事実です。このような官人としての知識・教養の育成を、当時の官人養成機関である大学寮（定員400名）に求めることができたのでしょうか。『論語』が大学寮の教科書であり、『文選』が登用試験の対象であることから、官人の必読書であったことは事実でしょうが、そのような理由からこれらの書籍が地方の下級官人にまで普及したとは思えません。第4章で述べたように、当時の官人の出身方法の主流は舎人からの任用です。多くの下級官人は、まず官人見習いとして大舎人・兵衛・使部などの雑任として採用され、長い実務実績を積み上げ、勤務評定を重ねながら昇進する過程において、官人としての知識・教養を経験的に身につけたものと思われます。

　当時の下級官人が身につけていた知識・教養を考える場合の史料として令の規定を見ると、大舎人および郡の主政・主帳に任用されるには、書算が巧みであることが要求されています（軍防令47内六位条、選叙令13郡司条）。したがって、文官的職務に就く官人は、任官時から職務に必要な漢字・漢文の知識と、基礎的な計算能力を身につけていたと思われます。先に述べたように、令文・公文書や九九が記された木簡などが習書の題材とされているのは、大学寮で教授される高度な典籍や算術ではなく、実務に必要な知識がその対象となったのです。下級官人の知識・教養の基礎をなしたのは、『千字文』といった漢字の教科書や律令官人として不可欠な律令や計算に関する知識であり、それに加えて儒教の教養として『論語』『考経』などの初歩的な経書が挙げられます。

　また、上級官人（貴族）を頂点とする当時の官人社会に不可欠なもの

として、公的および私的な場での詩歌の存在があげられます。そのような場で披露される詩文や和歌をある程度理解することが、下級とはいえ官人社会に連なる者としての身だしなみであり、それ以上に出世の糸口にもなり得たのでしょう。それ故、詩文述作の範とされた『文選』や『王勃集』などが盛んに学ばれたのです。

官人の漢字・漢文の習書の目的を「書体の習得」の面からアプローチした研究があり、以下のような指摘がなされています（新井重行「前掲論文」2006 年）。

写経生の場合は、文字を写すことが生業としているので、職に就いた時点で一定の漢字の知識を習得していたはずです。それでは彼らに要求されたのは何かといえば、対象となる文字・文章を正しく・美しく写すことにあります。正倉院文書の中には写経生の採用試験の答案である「写経生試字」が何通か残っています。写経生の習書は、文字・文章の習得や内容の理解ではなく、書体の習得が主目的であり、写経の際の手本となる中国の書体・書風を学ぶために中国の典籍を書体・書風のテキストとして活用していたようです。正倉院文書の中に残されている写経生の習書の多くは、「はらい」や「しんにょう」など特定の運筆を習得しようとしたものとの指摘がなされています。

地方の下級官人においても同様に、そのような傾向にあったことが指摘されています。地方から中央政府へ進上される荷札木簡の書体は、和銅年間（710 年代）までは六朝風が遺されていますが、養老年間（720 年代）を転換期として初唐風の書体が普及していったとされています。その要因として、中央政府から各国に派遣される史生の役割が重視されています（鬼頭清明『前掲書』1993 年）。中央集権国家体制における文書行政が全国に浸透していく過程において、中央における先進的な初唐風の書体が地方へもたらされることにより、公文書に使用される文字の書体も統一

されていったのだと思われます。平城京からもたらされた典籍は、地方の文書作成に携わる下級官人によって公文書に使用すべき初唐風の書体のテキストとして盛んに書写されており、典籍の内容把握は主目的ではないので、利用しやすい典籍の冒頭部分が習書されたのだと指摘しています。もちろん、この指摘は習書された典籍が下級官人の教養として習読されていた事実を否定するものではありません。

　以上述べてきたように、律令官人（とりわけ文官）の出仕には漢字・漢文の基礎的知識を有することが前提条件であり、地方豪族出身の下級官人の多くはこの条件をほぼクリアしていたと思われます。奈良時代の上級（貴族）官人の子弟の場合、漢字・漢文の読み書きや算数の初歩などは親などの家族や政府から派遣される家令などから教育されるのが実情だったようです。また、庶民においても、毎年6月末までに全国の戸主に、家族の氏名・年齢・性別・健康状態などの報告書（手実）を提出させたことから、各戸に何人かは漢字の書ける者がいたようです。天平五年（733）の平城京右京の計帳（『正倉院文書』正集第九巻）では、各戸ごとに紙質も字体も異なる手実が張継がれています。

第9章　律令官人の生活環境とその実態

1　律令官人の住宅事情

　律令官人が日常の生活を営む平城京は、政治都市としてきわめて計画的に建設されました。そこに官司を集中し、官人を集住させた律令政府は、その生活と職務の遂行を保障するために、いろいろな制度を整えました。そのひとつとして、彼等に対して宅地の支給がなされましたが、これを「宅地班給」とよんでいます。このことについては、第1章で簡単に扱いましたので若干重複しますが、ここでは具体例を挙げ、もう少し詳しく説明したいと思います。

　①　律令官人への宅地支給
　平城京に先立つ藤原京では、京外にも大規模な邸宅跡が見つかっており、有力者といえども、必ずしも京内に邸宅を構えていたとはいえません（林部均『飛鳥の宮と藤原京』吉川弘文館 2008 年）。それは、藤原京が長く都であり続けた飛鳥の地に近接していたからでしょう。しかし、平城京は飛鳥から遠く離れており、律令政府の主要な官人たちは住み慣れた飛鳥の地を離れて、平城京への移住を余儀なくされ、その結果、律令国家建設に必要不可欠な官人の都城への集住に成功しました。

　平城京に新しく住むことになった官人たちには、律令国家から宅地が与えられました。平城京の面積は藤原京よりやや小さい約 24 平方 km であることから、藤原京と同程度の基準（第 1 章参照）で「宅地班給」が行われたと思われます。現在確認されている四町規模の宅地を有した長屋王が宮内卿従三位、藤原不比等が右大臣正二位、新田部親王・舎人親王が二品であり、班給基準と合致しています。遷都当初に官人（少初位以上の有位者）に班給された土地面積は、平城京の総面積（北辺坊を除く）の 40% 前後になるという数値も出ています（田辺征夫「遷都当初の平城京をめぐ

184

る一・二の問題」『文化財論叢III』奈良文化財研究所同朋舎出版 2002 年、近江俊秀『前掲書』2015 年）。まさに「官人（役人）都市」と言って過言ではないでしょう。一町規模の上級（貴族）官人の宅地が左京に集中する傾向にあり、特に三条二坊・四坊、五条一坊に多く認められます（図 5 参照）。平城宮に近い五条以北に上級（貴族）官人の宅地が集中し、下級官人の宅地が六条以南に広がっていることは、すでに指摘されているところです（『平城京左京四条四坊九坪発掘調査報告』奈良国立文化財研究所 1983 年）。

　しかし、そのように単純に理解することができない事例も多々存在します。すでに述べたように、六位以下の官人が五条以北に左京で 17 人・右京で 16 人の住居が確認されていますし、平城宮から遠く離れた左京九条や右京八条にも一町規模の宅地が存在します。また、右京計帳から、右京三条三坊に 8 人の下級官人が居住していたことも知られています（『大日古』1-481 〜 494）。

　②　班給された宅地は私有地か

　奈良時代は「王土王民」の理念から、土地は基本的にはすべて国有地です。宅地が位階に応じて班給されたとすれば、位田と同じように当事者に貸し与えられたものと理解すべきでしょう。しかし、宅地が売買されたり、借金の担保物件となったりしている事実をどのように理解すべきでしょうか。このことについて、近江俊秀氏は次の二つの仮説を提示しています（近江俊秀『前掲書』2015 年）。

　i　平城宮周辺には、国がすでに移転補償を済ませた土地があり、そこを与えられた者は、タダで土地を手に入れることができた。そして、こういった土地を与えられた者とは、当時の太政官の重要な人物か有力な王族であり、そうした人物は宅地だけでなく住宅建設のための費用も受け取っていた。反面、自ら移転補償を行っていないので、土地の所有

権は補償を行った国が有していたため、国により没収される可能性も
あった。

　ii　それ以外の場所に宅地を与えられた者は、本来の持ち主に対し補
償を行うことにより、土地の所有権を獲得することができた。

　この仮説にしたがえば、平城京ではその都市計画の段階から、律令政
府の官人機構を円滑に機能させる目的から、宮殿建設予定地のみならず、
太政官の主要な人物の宅地の所在も決定され、それをも含めた土地が買
い上げられていたようです。それ以外の官人については、宅地班給に当
たって、律令政府は場所および面積を指定しますが、もとの土地所有者
への移転補償は宅地を班給された官人自身が行い、その反対給付として
所有権を獲得したということになります。また、平城宮周辺には律令政
府が買い上げた土地が存在し、そこは太政官の有力構成員が執務を行う
ための公邸と位置づけられ、有力者はそれとは別に私邸を有していたこ
とになります。藤原麻呂が皇后宮設置に伴い与えられた左京二条二坊五
坪の土地は、皇后宮の解体後 (740) は梨原宮となり、不比等邸が皇后宮
を経て法華寺となったのも、それらの土地がもともと公邸であり、彼ら
に所有権がなかったとの指摘もされています。藤原仲麻呂の習宜別業と
呼ばれる別荘、長屋王や大伴家持は佐保に、橘諸兄は相楽に所有してい
たといわれる別荘は、京内の公邸に対して私邸と位置づけられるもので
しょうか。

　平城京の宅地は宮城周辺を除けば、基本的に自由に売買が可能であり、
面倒な手続きもないので、京内の個人による宅地売買は活発に行われた
ようです。裕福な者は自らが居住する宅地以外の場所にも新たな宅地を
求め、逆に何かの都合で地位や財産を失った者は宅地を手放すことにな
ります。奈良時代半ばには、平城京内の宅地は不足傾向となり、宅地の
分割・細分化が積極的に行われるようになります。

③　上級（貴族）官人の邸宅

　上級（貴族）官人の邸宅は壮大なものでした。平城京でもっとも大き
な邸宅を所有していたのは藤原仲麻呂（大師＝太政大臣）で、その田村第
とよばれた邸宅は、左京四条二坊に八町（140448 ㎡・42560 坪）に及ぶ広さ
を占めていたと推定され（岸俊男『日本古代政治史研究』塙書房 1966 年）、東西
に楼を構えて内裏に相対し、南門を櫓とする壮大なものであったとされ
ています（『続紀』宝亀八年〈777〉九月十八日条）。また、彼の祖父にあたる藤
原不比等（右大臣）は左京一条二坊に四町（後の法華寺）の邸宅（同天平十七
年〈745〉五月十一日条）を、新田部親王も右京五条二坊に同じく四町（後
の唐招提寺）の邸宅を有していたとされています（同天平宝字七年〈763〉五月
六日条）。発掘調査でも、四町規模の邸宅がいくつか確認されています。
このうち、ほぼその全容が判明した長屋王の邸宅についてみてみましょ
う。

〈長屋王の邸宅〉（奈良国立文化財研究所『平城京左京二条二坊・三条二坊発掘調査報
　　　　　　　告書』1995 年）

　長屋王の邸宅は左京三条二坊一・二・七・八坪に位置し、四町という
広大な敷地を有する最大級の邸宅でした。奈良時代を通じて、この宅地
は 7 回の変遷をしていたようです。最初の邸宅が長屋王の邸宅で、平城
遷都当初から四町の大邸宅でした。この邸宅は 4 つの坪をまたいでいま
すが、それぞれの坪を分割する道路は造られておらず、これにより、平
城京では遷都時に複数の坪を一体的に利用する場合は、坪間の道路は造
られないことが判明しました。

　図 9 にあるように、遷都当初は、外郭は掘立柱の高い板塀で囲まれ、
塀の中はやはり掘立柱の塀などによって内郭・外郭・その他の大小の区

第 9 章　律令官人の生活環境とその実態　　187

画に分けられていました。遷都後10年ほど経た養老年間 (717〜723) ご
ろには、かなりの部分が改築され、周囲の塀も築地塀に変更されていま
す。北面の中央には、一間の門が設置されていました。大路に門を設置
できるのは、三位以上の官人に限られています。

　外郭東南部には外部から水を引き込んだ庭園があり、北門から内郭ま
で幅約18メートルの通路があり、東側 (東北外郭) には倉庫あるいは作
業所と想定される小規模建物が並んでいました。西側 (西外郭) には南北
77メートル・東西75メートル以上の区画のなかに、3棟の建物があり
ました。南端に位置する建物は、東西43メートル・南北8メートルの
規模で、8室に仕切られており、長屋王に仕える帳内たちの宿舎であっ
たと思われます。外郭は全体的に養老年間以降も当初の配置を継承して
いるようです。

　内郭は掘立塀で囲まれ、中央内郭・東内郭・西内郭の3ブロックで形
成されていました。中央内郭は東西77メートル・南北115メートルの
広さがあり、正殿・脇殿・附属屋など7つの建物と井戸で構成されてい
ます。正殿は東西23.6メートル・南北14.8メートル、面積約350平方
メートルあり、確認されているなかでは、平城宮の内裏正殿につぐ規模
の建物です。正殿の東南に接して2棟の脇殿が位置しています。

　東内郭は3ブロックに区分され、最も広い中央のブロックには建物が
3棟あり、その中心建物には瓦が葺かれていました。北のブロックの南
北棟は、塀の外に位置する建物と組になり、家政機関である「家令所」
と思われます。

　西内郭は正妻である吉備内親王の御所と考えられ、北寄りの東西棟は
入母屋か寄棟の屋根の形になる立派な建物で、西内郭の正殿と思われま
す。左隣の南北棟が脇殿です。また、ふたつの建物の接するコーナーに
井戸があります。

図9　長屋王邸の復元図

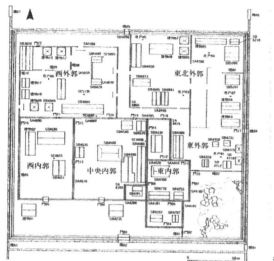

奈良文化財研究所提供

　さらに、五位以上の上級（貴族）官人の邸宅と思われる一町規模（17556㎡）の宅地の代表的な例をふたつ紹介しておきます。

〈左京三条二坊十五坪の邸宅〉（奈良国立文化財研究所『平城京左京三条二坊』1975年）。

　この宅地は、現在の奈良市役所建設に伴い発見された遺跡です。奈良時代前半には、大路・小路に面する周囲を築地塀で囲まれていました。その後、内部の建物配置などには変更がありましたが、奈良時代後半まで一町規模を維持しましたが、最後に二分の一町に縮小されています。

　敷地の中央に南北の掘立柱の塀があり、敷地内の建物群が東・西ブロックに区分されています。西ブロックには掘立柱の東西棟と前殿、東ブロックにはやや規模の小さい正殿と前殿がセットで建てられ、その背後に厨屋（くりや）・納屋などが建てられています。井戸は東西両ブロック共用の

第9章　律令官人の生活環境とその実態　　189

図10　左京三条二坊十五坪の邸宅復元図

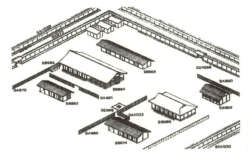

奈良国立文化財研究所　学報25冊
平城京左京三条二坊　（昭和50年）
奈良文化財研究所提供

配置になっています。また、8世紀中ごろ改作された主殿は、以前の位置を避け、瓦葺きとなっています。

〈左京五条二坊十四坪の邸宅〉（奈良市教育委員会『昭和五四年度発掘調査概報』
1980年）

　この坪は、奈良時代前半には、二分の一町・四分の一町に分割されていましたが、奈良時代後半になると一町規模の宅地にまとめられました。

　この宅地は、敷地の周囲を築地塀または板塀が囲み、南の中央に門が開いています。東西方向の掘立塀で敷地全体が南北に区分され、この塀の中央にも門が開いています。北側のブロックの中央に東西棟正殿を置き、この前に2棟の前殿、左右には脇殿、その前方には左右対称の東西棟、正殿の後方には左右対称の東西棟が配置されています。いずれも掘立柱建物です。

　このように一町規模の邸宅でも、基本的には敷地内を外郭と内郭に区分されています。外周を塀とか回廊で囲われた内郭は、敷地の中心に正殿と脇殿を配置する主人と家族の居住空間であり、外回りに中小の建物を配置する外郭は、厨屋や倉庫などからなる作業・貯蔵の空間と考えられます。また、一町規模以上の邸宅は、瓦が使用される築地塀で周囲を

190

図11　左京五条二坊十四坪の邸宅復元図

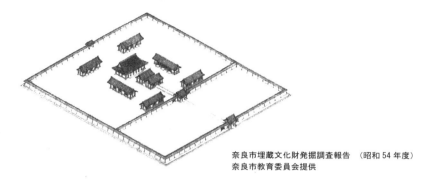

奈良市埋蔵文化財発掘調査報告　(昭和54年度)
奈良市教育委員会提供

囲い、内部の建物は原則として掘立柱建物で檜皮または板葺きの屋根、さらに、「嶋」と呼ばれる庭園が付設される場合が多く(岸俊男「"嶋"」雑考『日本古代文物の研究』塙書房1988年)、かなり贅沢なものであったようです。それを裏付けるように、724年(神亀元)11月には、五位以上の官人と庶民で財力のある者を対象に、建物を瓦葺きにし、柱を赤く壁を白く塗ることを奨励する布告(『続紀』神亀元年十一月八日条)が出されています。ただ、発掘調査で見る限り、瓦葺き建物の前提条件である礎石建物は、現在のところ奈良時代後期の3例しか発掘されておらず、瓦葺き建物の奨励は不発に終わったようです。

　長屋王邸の発掘によって、上級(貴族)官人の邸宅には主人と家族の居住空間のみならず、家政機関の施設や宿舎・馬屋・動物飼育小屋・手工業生産のための作業場(鋳物所・鞍作所・銅造所など)や資財収納倉庫などの多くの建物が並存していたことが明らかになりました(奈良国立文化財研究所『前掲報告書』1995年)。さらに、長屋王家木簡には、店での飯や酒の売り上げ銭に付けた木簡や、酒を醸造するさいの米・麹・水の割合を記した木簡も存在し、封戸・位田・職田などから納められる米を使用して、販売用の酒を醸造していました。一町以上の敷地を有する邸宅でも、酒

や醤油などの醸造倉を保有していたことが明らかとなり、長屋王だけでなく、多くの上級（貴族）官人も何らかの商業活動を行っていたと思われます。

④　中下級官人の住宅

六位以下の中下級の官人には、一町を分割した宅地が班給されました。二分の一町および四分の一町の宅地（六位および七位の中級官人の宅地に相当する）も数例発掘されていますが、まだ全体像は明らかにされていません。その中で、おおよその建物配置が判明したのは左京三条四坊七坪の宅地です。

〈左京三条四坊七坪の邸宅〉（奈良国立文化財研究所『平城京左京三条四坊七坪発掘
調査概報』1980 年）

奈良時代初頭から一町の北半分に四分の一町の宅地が２区画あり、その南半分には二分の一町のこの宅地がありました。奈良時代中頃から後半にかけての時期の建物と思われる６棟の掘立柱建物が発掘されています。

敷地の中央から西寄り北端に東西棟の正殿らしき建物、その前を広場にして南に１棟、東に１棟が配置されています。さらに、東に３棟以上の建物が近接して建てられています。一町以上の邸宅同様に、敷地内が機能別に区分されていたようです。奈良時代末には、北半分を含めて、一町の宅地に統合されています。なお、この邸宅の東北部で、和同開珎の鋳造遺構が発見されています。

さらに、左京八条三坊九坪の発掘調査により、八分の一町・十六分の一町および十六分の三町の宅地が確認されました。それによると、それぞれの宅地内は母屋１棟・雑舎３棟・井戸１基、母屋１棟・雑舎１棟・井戸１基、母屋１棟・雑舎４棟・井戸１基で構成されており、境界は生

垣や掘立塀で仕切られていました（奈良県教育委員会『平城京左京八条三坊発掘調査概報』1976年）。

　奈良時代前半の下級官人に対する宅地班給は、十六分の一町をひとつの基準としていたようで、次にあげる正倉院文書の中の「月借銭解」という借金証文からも、そのことが理解できます。

〔大宅首童子月借銭解〕（『大日古』6－567）

　謹みて解し　申し請ふ月借銭の事

　合わせて銭壹貫文　質物家一区地十六分一板屋五間者
　　　　　　　　　　利者百五十者

　　　　　　　　（以下略）

〔丈部濱足月借銭解〕（『大日古』6－273）

　丈部濱足解し　申し請ふ月借銭の事
　　　　　　　（朱筆）
　　　　　　「伍伯文」

　合わせて銭壹貫文　利者加月　　質物家壹区　地十六分之半板屋二間
　　　　　　　　　　別百三十文　　　　　　　在右京三条三坊
　　　　　　　　　　　　　　　　　　　　　　又口分田三町

　　　　　　　　（以下略）

〔他田建足・桑内眞公月借銭解〕（『大日古』6－426）

　謹みて解し　申し請ふ月借銭の事

　合わせて七佰文　利百十三文　　質物家一区　在左京八条四坊地十六分之一
　　　　　　　　　　　　　　　　　　　　　　四分之一在物板屋一間

　　　　　　　　（以下略）

第9章　律令官人の生活環境とその実態　　193

これらの借金証文は、造東大寺司の写経所に勤める下級官人（写経生）のものです。大宅首童子（従八位上）は、銭一貫文（和同開珎 1000 文）を宅地十六分の一町と板屋五棟を担保に借りています。丈部濱足（少初位上）も、銭五百文を三十二分の一町の宅地と板屋二棟および口分田三町を担保に、さらに、他田建足と桑内眞公は連名で、六十四分の一町の宅地と板屋一棟を担保に、他田が二百文・桑内は五百文借りています。

　これらの文書から、藤原京の班給の最小基準である四分の一町をはるかに下回る十六分の一町・三十二分の一町・六十四分の一町の宅地の存在と、宅地面積を示すのに、まず一町の十六分の一の広さを示し、つぎにその何分の一かを表示する方法が行われていたことが分かります。上級（貴族）官人班給基準が一町であったのに対して、下級官人の班給は十六分の一町を基準としていたのでしょう。

　ところで、下級官人の班給基準と思われる十六分の一町の宅地はどのぐらいの広さになるのでしょうか。先に示した一町 17556 平方メートル（5320 坪）を基準にすると、1097 平方メートル（332 坪）となります。現在の大都会であるならば、大豪邸の部類に入るでしょう。三十二分の一町の宅地で 553 平方メートル（166 坪）、六十四分の一町の宅地でも 274 平方メートル（83 坪）。だだし、宅地を囲む道路の面積がそこには含まれていますので、実際の面積はもう少し狭くなりますが、最小単位の六十四分の一町の宅地でも、現代の都市に住む一般的な国家公務員の収入から考えると、高嶺の花ともいえる広さの宅地を所有していたことになります。その敷地内にどのような建物が存在していたのでしょうか。

　針間父万呂の宝亀三年（772）九月十三日付の「月借銭解」（『大日古』19-316）によると、

　　謹みて解し　申し請ふ月借銭の事

合わせて参佰文^{利一月百別十三文加}

質物板屋一長二丈　廣一丈二尺

（以下略）

とあり、抵当とした板屋一間の大きさは、長さ二丈（約6メートル）・幅一丈二尺（約3.6メートル）で、建坪は21.6平方メートル（約6.6坪）となります。発掘調査においても、十六分の一町の邸宅では、30数平方メートル（約10坪）の主屋と10〜20平方メートル（3〜6坪）の付属屋が、3〜5棟程度と井戸で構成されています。また、三十二分の一町の宅地では、2〜3棟の建物で構成されています。

〔左京九条三坊十坪の小規模宅地〕（奈良国立文化財研究所『平城京左京九条三坊十坪発掘調査報告』1986年）

「月借銭解」に写経生の宅地として登場する三十二分の一町の宅地が、この宅地の発掘で初めて確認されました。この坪は、中央を東堀河が南北に貫流し、敷地を東西に分割されています。発掘したのは坪の東半分です。奈良時代の前半から中頃には、まだ十六分の一町の宅地でしたが、後半になると、十六分の一町の宅地が路地により東西に分割され、三十二分の一町の宅地となっています。

建物は2〜3棟、主屋で東西約5.5メートル・南北約3.6メートルの大きさの掘立柱建物です。建物の数は、「月借銭解」の記載とほぼ一致しています。この宅地は、当初から計画的に造られたものではなく、何かの理由で十六分の一町宅地が二分されてできたものと思われます。奈良時代後半以降の宅地細分化のプロセスを理解するうえで重要な遺跡です。

図12　左京九条三坊十坪小規模宅地復元図

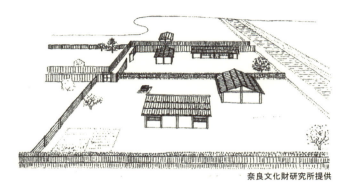

奈良文化財研究所提供

　遺跡・文献史料から考えて、下級官人の宅地は、周囲を板塀や植え込みなどで囲まれ、敷地の割には建物が小さく閑散としていたようです。そこに10人程度の家族が生活していたようで、空閑地では畑仕事でもしていたのでしょう。また、小規模宅地でもそれぞれ井戸が設けられており（平城京に居を構えるが故の特殊事情か）、1辺1メートル以下の方形縦板組井戸枠が一般的です。1辺1.2メートル以上の井戸は方形横板組井戸枠をもち、大規模宅地に所在する傾向にあります。

2　律令官人の日常の服装

　この時代の人々の服装は、身分・位階によってさまざまな制約が設けられ、ことに服色・裂地は身分によって厳しく規制され、勝手な衣服を着用することは許されませんでした。官人の公式な服装については、第5章で述べたように、正倉院などにかなりの実物が残され、文献史料も多く存在しますので、研究も相当進んでいます。しかし、下級官人や一般庶民の服装はほとんど解明されていないのが現状です。

① 下級官人の服装

　一般庶民の服装はかなり質素なもので、奈良時代になっても、彼らが着ていたものは、埴輪に表現された人々の服装とあまり変わらなかったと思われます。山上憶良の「貧窮問答歌」（『万葉集』巻5—892）に、「綿もなき布肩衣（ぬのかたぎぬ）」と詠われているものは、麻の袖なし着のことで、弥生時代以来の貫頭衣的（かんとうい）な衣服です。

　貫頭衣は、一枚の長方形の布の中央に穴をあけて、頭を入れてかぶり、身体の前後に垂れた布を腰紐で縛る南方系の衣服で、水田耕作には適した服装であったと思われます。この貫頭衣の前身ごろの中央を縦に開き、脇下を縫い合わせると袖なし着となります。これらの衣服は、庶民の労働着として、後世まで残り、絵巻物にも描かれています。

　農村生活にも半ば依拠する平城京に住む下級官人も、日常にはこのような服装をしていたのでしょうか。ただ、唐招提寺や法隆寺に残された落書きを見ると、僕頭と呼ばれる帽子をかぶり上着とズボンをはいていますが、衣服には何の飾りもありません。正倉院に残る写経生の衣服（中国風に改められた後のスタイル）もこのようなものであり、このスタイルが「素服（そふく）」と呼ばれる無地無着色の麻服で、平城京に住む下級官人や一般庶民の日常の服装であったとも考えられます。

② 写経所で経師などに支給された衣服

　奈良時代の下級官人の日常の服装を考える場合、記録が残っているのは平城京内の写経所に勤める人々に関するものです。すでに述べたように、写経事業に従事している人々には、写経所から衣服がセットで支給されています。760年（天平宝字四）に支給された衣服の種類と量は、表17のようになっています。

表17 天平宝字四年における衣服の支給

	経師	装潢	校生	雑使	優婆夷	仕丁
袍	絁1匹（6丈） 綿3屯	同左	同左	細布1丈8尺	細布1丈2尺	租布　1段 （2丈6尺）
袴	絁2丈5尺 綿1屯半	同左	同左	細布　7尺		
汗　衫	絁2丈2尺	同左	同左			
褌	絁1丈2尺	同左	同左			
襪	調布3尺	同左	同左			
湯　帳	調布1丈2尺	同左	同左			
冠	細布3尺	同左	同左			（膳部） 調布　1丈
前裳早袖						

栄原永遠男「平城京住民の生活誌」岸俊男編『前掲書』1987年より

　写経所に勤める下級官人に支給された個々の衣服について、簡単に説明しておきます。

　袍は、上半身用の外衣で、盤領の襟袷・筒袖・右袵の前合わせが基本形で、裾脇は闕腋（脇開き）となっています。着付けの留め方はトンボ頭と受緒、仕立ては単衣・袷・綿入りがありました。

　袴は、下半身用の外衣で、上衣の袍と並んで用いられます。袴の形態には、内股が開く開股式、内股に襠を当てた筒形のものがあり、仕立てには単袴・袷袴・綿入り袴の別があり、大口袴（裾口が大きい表袴）、縛口袴（裾口を紐で括る）などがあります。

　汗衫は、上半身用の内衣（肌着）にあたるものです。その形態は、袍と同じように盤領のものが多く、袖丈や身丈は袍より短くできています。材質は麻布が一般的ですが、絁や帛のものもあります。仕立ては、多くは単衣仕立てで、袖・衿・上前身ごろ上部には、別の色裂をつけたもの

もあります。夏季には表着として着用されたことが知られています。

　褌は、下半身用の内衣で、下袴・内袴と呼ばれているものです。夏冬ともに使用されましたが、多くは上中級官人に用いられ、下級官人の着用は少なかったと思われます。

　襪とは、足袋や靴下のようなものです。形状は、親指の別れていない一体の布製で、丈の長い「深形」と丈の短い「浅形」とがあり、表地と裏地の袷、または、芯地も入れた裂製で、礼服用には表に錦を用い、その他、綾・絁・麻布も用いられていました。

　湯張は、温屋・温室に入る際、身にまとったものであり、後世の湯もじと思われます。

　早袖・前裳は、衣服の傷みや汚れを防ぐために、袍の上に着るもので、前掛けやスモックに当たる労働着で、おもに仕丁・舎人・膳部など下働きをする者が着用しました。

　写経所では、職種・階層によって支給される衣服に区別（表17参照）があります。経師・装潢・校生には、絁を用いた袷仕立ての綿入りの袍・袴が支給され、雑務に従事する雑使には、細布製で単衣の袍・袴が支給されました。優婆夷（女性の在家信者）には、袍は支給されますが、袴は支給されていません。仕丁には、袍・褌とも租布が支給されています。内衣である汗衫・褌や襪・湯帳は、経師・装潢・校生には支給されますが、これも他には支給されていません。これに対して、作業着である前裳・早袖は、仕丁のみに支給されています。このように、職種や階層によって支給される衣服には区別があり、他の官司においても、同じような処遇であったと思われます。

　これらの衣服は、職場で支給されたものである以上、作業着と解すべきであり、このスタイル以外に「素服」を求めなければならないかもしれません。

第9章　律令官人の生活環境とその実態　199

③　普段着と特殊な場合の衣服

　すでに礼装用の礼服、公事執務用の朝服・制服および下級官人として
の経師たちに支給された作業着については略述してきましたが、ここで
は、官人の日常の私的生活に着用する普段着（素服）や特殊な場合の衣
服（明衣・喪服）などについて少し触れたいと思います。

　素服は、橘奈良麻呂の変（757）における安宿王の尋問のなかに、小野
東人が素服を着ていたという記載があり（『続紀』天平宝字元年七月四日条）、
この場合は染色のない白地のままの衣服で、いわゆる普段着と解されて
います。袍形式のものは職事官以上の官人が着用し、その他の下級官人
は袍形式以外のものを着用していたと思われますが、上級（貴族）官人
でも帰宅した後は、今日私たちがカジュアルな服装に着替えるように、
当時にあっても袍形式以外の衣服に着替えていたのでしょう（関根真隆『前
掲書』1974 年）。

　明衣は、「凡そ大学国学は、年毎に春秋の二仲の月の上丁に、先聖孔
宣父に釈奠せよ。其れ餟酒明衣に須ゐむ所は、官物を用いよ。」（学令3
釈奠条）とあり、『令集解』巻十五学令釈奠条釈云には祭礼の服と解され
ています。同時代の史料である『皇大神宮儀式帳』『儀式』などにも祭
服としてみられます。これらの史料によれば、祭服としてある形式の上
衣・下衣（袴）が仕立てられ、その他に巾・襷・褌（神事服）などが付属
していました。

　喪服は、「筑紫大宰、便ち天皇の崩りますことを霜林等に告ぐ。即日
に、霜林等、皆喪服着て」（『日本書紀』持統天皇元年九月二十三日条）とあり、
天武天皇の崩御に際して新羅の王子らが喪服を着たことが記載されてい
ます。儀制令 21 凶服不入条には「凡そ凶服して公門に入らず。其れ喪
に遭ひて起せられむは、朝参の処亦位色に依れ。家に在らば其の制服に

依れ。」とあり、凶服で宮城門および内外諸司の門に入らないことや、家に在るときには凶服を着用することが規定されていますが、その凶服は喪服のことです（『令集解』巻二十八儀制令凶服不入条釈云）。また、喪服を素服とよんだ例がありますが（『続紀』大宝二年十二月二十二日条、神亀五年九月十九日条など）、喪服が白地の裂を用いているからと思われます（関根真隆『前掲書』1974年）。

④　下級官人と履物

『隋書』倭国伝（7世紀前半成立）に、「履は履形の如く、其の上に漆り、之を脚に繋く。人庶多くは跣足」とあり、また、『旧唐書』倭国日本伝（9世紀前半成立）にも、「並びに皆跣足なり」と記されています。各史料の前後の文意からも、同時代の中国人の認識からすれば、一部の支配層を除き、一般の人々は「はだし」であったようです。平安末期に描かれた『伴大納言絵巻』にも、検非違使に従う徒歩の下部たちが「はだし」で描かれていますので、奈良時代の一般庶民は「はだし」の生活が日常的であったと思われます。

それでは、奈良時代の律令官人はどうであったでしょうか。言うまでもなく、位階を有する職事官である上中級官人がはだしで出仕したとは思われませんが、写経所などで臨時的に働く経師などの無位の番上官である下級官人は、平城京に住む一般庶民と生活水準がそれほど変るとは思えませんので、ひょっとすると「はだし」での日常生活が一般化していただろうことを、否定できません。

当時、経師・装潢・校生などに支給されていた韈の価格は、天平宝字二年（758）に一足あたり10文前後、同八年（764）が20文前後、宝亀元年（770）には160文前後であり、おなじく経師・装潢・校生などに支給された木履の一足あたりの価格は、天平二十年には20文、宝字二年が10

文前後、同八年が 27 文前後、宝亀二年には 150 文前後と推移していま
す (関根真隆『前掲書』1974 年)。

　一方、下級官人、とりわけ支給を受ける経師たちの収入はどうであっ
たでしょうか。たとえば、経師は写経 40 紙で銭 200 文、つまり 1 紙 5
文の単価で布施 (賃金) が支払われます (『大日古』8-151 金光明寺写一切経
所解)。 1 日平均すると約 9 枚程度写経できますので (榮原永遠男『前掲書』
1987 年)、 1 日の収入は平均 45 文程度になります。また、天平宝字四年 (760)
の雇夫の日当が 7 〜 11 文 (『大日古』14-395 経所解案)、宝亀二年 (771) の雇
女の日当が 50 文 (『大日古』17-272、286 奉写一切経料銭用帳) という記録が残っ
ています。さらに経師の写経単価 1 紙 5 文は、宝亀年間には約半分に低
下し、 1 日の写経収入も当然半額に減少したと思われます (山田英雄『前
掲書』1987 年)。

　単純に考えて、宝亀年間には、菲や木履一足を得るために雇女の日当
の 3 日分、経師の写経収入の 6 日以上の金額が必要とされます。だとす
るならば、支給される分は別として、履物の価格からみて、一般庶民の
みならず無位の雑任クラスの下級官人の通常生活において特に買い求め
てまで履ける状況になかったのではないでしょうか。

3　律令官人と食生活

　律令制に基づく階級社会の確立は、人々の食生活の上にも明瞭に現わ
れ、従来さほど開きがなかった貴族と庶民との食生活の差が著しくなっ
ていきました。貴族の生活様式は、その豊かな経済力によって先進文化
として大陸から輸入した異国文化の模倣に邁進し、食生活においても中
国的要素の摂取がにわかに盛んとなりました。これに反し一般庶民の生
活は、従来とほとんど変わらず、彼らの中には『万葉集』貧窮問答歌に

見られるような貧困生活者も少なくなく、一般庶民にとっては貴族の食生活は憧憬的存在にすぎません。貴族が米を常食にしたのに対して、庶民は租米の余剰では常食に足らず、雑穀を多く摂るなど、階級による常食食品がはっきりしたのもこの時代の著しい特徴です。

　奈良時代の食生活については、文献史料だけでなく、発掘調査で出土した木簡や種子などからかなり詳しく分かってきましたが、判然としないことが多いのも事実です。また、平城京に住んでいる人々の食生活と、地方に住んでいる人々とのそれが相違していたとしてもおかしくありません。そのあたりの事情を、官人の食生活を題材に簡潔に説明したいと思います。

①　食生活の変化と社会階層

　律令制の展開により、天皇および貴族階級は政治権力（官職の独占）と豊かな経済力（土地と労働力）とを把握し、その支配階級としての地位を不動のものにしました。富の偏在が顕著になった奈良時代においては、税として諸国の物産が平城京に集められ、それらの分配や摂取に当然のように階級差が生まれるのも自然の成り行きでした。さらに、仏教文化と共に入ってきた中国の調理法や食品知識の広まりが、貴族階級の食生活文化にも大きな影響を与えました。階級による食生活の明確な区別が生まれたのもこの時代の著しい特徴でしょう。

　食生活の区別は、使用する食器からもうかがえます。貴族階級では、高価な漆器・佐波理（銅と錫の合金）の金属器・瑠璃器（ガラス器）・彩釉陶器などが、須恵器と共に用いられ、正倉院御物として現在に伝わっています。こうした食器は、曲物や折敷などの盆にのせられ、セットとして食膳に出されたと思われます。

　宮中の重要な神事などに行われる宴会では、支給される食物の種類や

量に位による区別があり（延喜式巻32 大膳上雑給料他）、同時に使用される
食器にも区別がありました。新嘗祭の宴会に大膳職から提供される食器
は、親王以下三位以上には朱漆、四位以下五位以上には黒漆の食器が使
用されることになっており（同大膳上新嘗祭）、また、大炊寮から提供され
る食器は、参議以上が朱漆の椀、五位以上は葉椀（植物の葉を器にした物）、
三位以上の命婦（令制における貴婦人の総称）は籠の付いた筥、五位以上の
命婦は焼き物の椀が使用されることになっていました（延喜式巻35 大炊寮
宴会雑給）。こうした貴族階級の食生活上での奢侈心の根底にある思想は、
中国の生活習慣への憧憬であり、それは律令の制定により食制の面にも
具体化されていきました（職員令の諸官諸司の職務分掌参照）。また、当時の
食料品は単に食べ物としての存在だけではなく、税および物品貨幣とし
ての機能を有していたことも忘れてはいけません。

② 食料品の種類と保存食品の発達
　当時一般に食料品とされた物の種類の多くは、『万葉集』『養老賦役令』
『正倉院文書』『平城京木簡』などから知ることができ、植物性食物とし
て91 種、動物性食物として45 種におよぶ多くの食物が確認されていま
す（桜井秀・足立勇共著『日本食物史』雄山閣1934 年）。その中に栽培植物や飼
育動物を見出すことができます。この事実は、平城京（人口10 万前後と推定）
という大政治都市の発達が、非生産生活者（律令官人）の集中という現象
をもたらし、それに対処するために当然必要とされた手段であり、結果
でもありました。平城京という大消費都市を支える食料は、諸国より集
まる調庸の現物税、貴族・寺社所有地よりの収納などだけでは十分には
対応できなくなり、栽培植物・飼育動物の増加が必要となり、栽培品種
や家畜の普及を促すことになりました。
　『日本書紀』持統七年 (693) 三月条に「桑、紵、梨、栗、蕪菁等の草木

を勧め植えむ」と記され、古くから野菜や果物も園地に植えられていました。当時、畑で作られていた野菜には、蕪菁・萵苣・蕗・芹・茄子・大根、各種の瓜・芋など、現在でもスーパーの店頭に並ぶものから、羊蹄・葵など、今では再び野草となったものもあります。野菜はそのまますぐに食べることもありましたが、漬物として保存されることも多かったと思われます。果物としては、梨・李・桃・梅・枇杷・橘・揚梅・柿・棗などがあり、木の実としては、栗・椎・榧の実・櫟の実・胡桃などがあります。干し柿や干した木の実は、保存食として貯えられ、年間の用に供されたでしょう。

　飼育動物（家畜・家禽）としては、馬・牛・鶏・猪が主なものです。諸国には牧地を定めて官馬・官牛の籍簿が作られており（『続紀』文武四年〈700〉三月十七日条、厩牧令 10 駒犢条）、鶏も「鶏養仕丁一人」とあり（『大日古』2-429 民部省解）、飼育係の役人があてがわれています。また、猪については、732 年（天平四）に畿内の百姓が飼っていた猪 40 頭を官費で買い上げ、山野に放ったという記事などがあり（『続紀』天平四年七月六日条）、一般庶民の間でもかなり飼育されていたと思われます。

　馬・牛・鶏の食用については、675 年 4 月に出された禁止令（『日本書紀』天武天皇四年四月十七日条）、741 年 2 月に出された牛馬屠殺禁止の詔（『続紀』天平十三年二月七日条）、さらに、厩牧令 27 因公事条にも官の牛馬が役に立たなくなった場合には、その肉と皮を売却して、新しく買い替える費用の足しにしろという規定もあり、それらを食用としていたことは明らかです。しかし、馬や牛は当時の農耕や運送の重要な労働力でもあり、相当高価な食料でもあったので、誰の口にでも簡単に入るという代物ではなかったでしょう。ちなみに、奈良時代後半の天平宝字四年（760）の牛一頭は 570 文、馬一頭は 925 文という記録が残っています（『大日古』16-283 造金堂所解）。天平宝字年間（757 ～ 764）の米 1 斗の価格は 50 文前後を

推移していました。

　この時代にもう一つ見逃してはならないものに、保存食品の発達がありました。これは貢租物品として諸国より平城京へ輸送され、さらに市での取引にも使われたため全国的に普及しました。保存食品は、乾燥食品と塩蔵食品に大別されます。

《乾燥食品》　諸国から送られてきた乾燥食品としては、植物性のものでは野菜類58種・海藻20種類・果実16種類、動物性のものでは鳥類4種類・獣類7種類・魚類24種類・貝類9種類の多くが存在しました（延喜式巻23民部下他）。鳥獣肉を乾燥させた腊、干魚、魚肉を細かく割り塩をつけ乾かした楚割、海産物の乾燥食品として干しアワビ・のしアワビ・熬海鼠（ナマコを煎ったもの）、野菜の乾燥食品として切り干し大根・干し蕨などがその代表例です。これらの乾燥食品は、大膳寮に保存され、必要があるときに戻して食べていました。また、それらを油で焼いた上に、さらに煮るという複雑な調理方法も考案され（樋口清之『食べる日本史』柴田書店1976年）、平城京の貴族（上級官人）たちの食膳を豊かにしました。

《塩蔵食品》　「醬」で代表される塩蔵食品は、発酵食品でもあり、食品の保存と調味料も兼ねていました。醬には、野菜を発酵させた「草醬」・穀物を発酵させた「穀醬」・生肉を発酵させた「宍醬」の3種類があります。

　草醬は、瓜・茄子・青菜・蕪・大根・梅・桃・杏子などの野菜や青果を使い、食塩や酢、酒粕、麹などに漬け込んだ、一種の漬物です。

　穀醬は、米・小麦・豆などの穀類を主原料にして発酵させたものです。穀醬の中に、過度の発酵を止めるために食塩が加えられたものが味噌や醬油であり、食塩を入れずに発酵を止めたものが酢や酒になります。

　宍醬は、鳥・獣・魚・貝・雲丹・海老などを原料に使い、塩に漬けるもので、そのとき香辛料を混ぜたりもしました。後の塩辛などにあたる

食品です（樋口清之『日本食物史』柴田書店 1961 年）。

③　乳製品と唐菓子の登場

　奈良時代に新たに登場した食品に、乳製品と唐菓子があります。メソポタミア、エジプト、中央アジアの諸国では 6000 年も前から乳製品を作っていましたが、中国でもかなり早い時期から乳製品を食べる習慣を持っていました。それが朝鮮半島経由で、飛鳥時代には輸入加工食品として日本にも伝えられており、元明天皇の時世には、山背国に 50 戸の乳戸が置かれていました（『続紀』和銅六年 (713) 五月二十五日条）。

　奈良時代の代表的な乳製品が「蘇」と「酪」です。蘇は、『延喜式』巻二十二民部下に「牛乳一斗を煎じて蘇一升を得」とあり、おそらくコンデンスミルクの一種で、また酪は、その脂肪を集めたものでバターに相当すると思われます（東野治之『木簡が語る日本の古代』岩波新書 1983 年）。乳製品である蘇は特産品と違って、全国から貢進されており、当時の正税帳（諸国から中央に報告される地方財政の決算書）および平城宮出土の木簡からもそのことは明らかです。

　　「近江国生蘇三合」

　　　　　　（『平城宮第 13 次発掘調査出土木簡概報』奈良国立文化財研究所昭和 38 年）

　例により、蘇伍壺を造る　^{大二}_{小三}　乳牛壱拾参頭　^{乳を取ること廿日}

　　　単弐佰陸拾頭　秣稲壱佰肆束　^{牛別に日に}_{四把}

　　　　　　　　　　　　（『大日古』2-64 天平九年但馬国正税帳）

上記の木簡は、蘇が近江国（現在の滋賀県）から平城宮へ貢進した時の荷札です。また、但馬国正税帳には、蘇を五壺分作るために乳牛13頭を20日間搾乳したので、延べ260頭分のその間の飼育料の支出が報告されています。

『延喜式』巻二十三民部下には、「諸国貢蘇番次」といって、蘇を貢進することになっている大宰府ほか46国を6区分し、歳ごとに割り振っています。その状況はつぎのようになっていました。

丑・未の年　⇨　伊勢・尾張・参河・遠江・駿河・伊豆・甲斐・相模

寅・申の年　⇨　伊賀・武蔵・安房・上総・下総・常陸

卯・酉の年　⇨　近江・美濃・信濃・上野・下野・若狭・越前・加賀

辰・戌の年　⇨　能登・越中・越後・丹波・丹後・但馬・因幡・伯耆
　　　　　　　　　出雲・岩見

巳・亥の年　⇨　大宰府

子・午の年　⇨　播磨・美作・備前・備中・備後・安芸・周防・長門
　　　　　　　　　紀伊・淡路・阿波・讃岐・伊予・土佐

6年に1度の当番が回ってきた国は、11月（出雲国は12月）にほかの当番国と調整したうえで、規定量の蘇を壺に入れて平城宮に送り届けることになっていました。蘇関係の記事が載る正税帳（但馬・尾張・周防）と二条大路出土の蘇関連の荷札（武蔵・美濃・参河・上総）の比較検討により、『延喜式』に定められた輪番制が、奈良時代にも機能していたことが指摘されています（渡辺晃宏『平城京1300年「全検証」』柏書房2010年）。

牛乳についても、供御として天皇に提供される量が1日あたり3升1合5勺（現在の約2.3リットル）とされています（『延喜式』巻三十七典薬寮）。牛乳を飲む特権はしだいに天皇から貴族に、さらに地方の豪族へと、蘇・酪などの乳製品も同様に広がっていきました。正倉院北倉の薬草に混じって、乳製品を入れた壺も残っています。

平安時代になると、蘇・酪のほかにも、乳哺・乳腐・乳餅・醍醐といった乳製品を表す言葉も現れ、乳製品は薬餌や強壮剤を兼ねた貴重な食品として普及していきました。

　奈良時代には、果実（柿・棗・梅・橘の皮など）を乾燥させた自然菓子の他に、澱粉を加工した菓子が登場します。澱粉を加工した食品には、飯をつぶし固めた餅や米粉を固めて蒸したり茹でたりしたものが存在していました。同時期に、中国から種々の粉食菓子の製法が伝わり、これらを唐菓子と呼んでいました。

　当時の唐菓子には、大豆餅・小豆餅・煎餅・環餅・捻餅・呉麻餅・索餅などがあります。大豆餅・小豆餅は餅に豆を搗き込んだもの、煎餅は小麦粉を練り固め胡麻油で煎ったもの、環餅・捻餅は米や麦の粉を蜜や飴に混ぜ固めて油で揚げたもので、現在のおこし類に類似したもののようです。また索餅は小麦粉・米粉・塩で作ったうどん状のものです。これらの唐菓子は、中国の製法の影響で油を使用することが多く、塩味が一般的でしたが、なかには蜜や飴の甘味のものもあったようです（樋口清之『前掲書』1961 年）。これらの唐菓子は、おもに儀式や法要行事の際に用いられ、一般化していなかったようです。

　唐菓子はつぎの平安時代に盛行し、おもに米粉を用いて種々の色や形に加工されました。『和名類聚抄』（わが国最初の百科事典）には、「ちまき」「くさもち」など 10 数種類の名が見え、その一部は現在でも古社の神饌や民間の年中行事に供される食事に形を残しています。

④　律令官人の食生活の実態

　平城京の住人、とりわけ律令官人は、日々何を食べていたのでしょうか。当時の食料品目（含む加工食品）については、すでに述べたよう、相当数知られています。全体を通じて、主食は米で、副食はほとんどが保

存食品で鳥獣肉や魚類の干物と海藻類・野菜類でした。また、身分制は官人の食生活にも徹底していたこともすでに述べたところです。長屋王邸宅跡出土の木簡より知り得る食品からは、貴族（上級官人）の食膳は私どもの想像を超える多彩なものであったことが分かってきました。

　しかし、奈良時代の食生活がどのようなものであったのかは、まだ解明されていないことがたくさんあります。1日の食事回数は2回なのか3回なのか、庶民の食事の内容は1汁1菜の質素なものであったと言われているが、具体的には分かっていません。また、食事の際、箸を使用したのか否か、使用したとするならばどのような形態であったのか、そんなことすら分かっていないのが現状です。

《上級官人層（貴族）の食生活》

　平城京の長屋王家木簡からは、さまざまな事実が明らかになりましたが、王邸に送られてきた食品の多様さには目を見張るものがあります。主食の穀類としては米・小麦・大豆、副食も豊富で、野菜類は蕪・蕗・芹・大根・瓜・竹の子・菱の実など、海藻はワカメ・ミル・オゴノリ・イギス（寒天の原料）など、果物は胡桃・栗・柿など、魚介類は鰹・鮒・鮎・鯔・ツブ貝など、動物の肉は腊・干宍、粕漬、醤油漬にした冬瓜・茄子などが見られます。野菜類は、平城京近郊で経営していた御薗（菜園）から運ばれ、魚介類の鰹は伊豆国・駿河国（現在の静岡県）、鮎は阿波国（現在の徳島県）、鮑は上総国（現在の千葉県）からはるばるもたらされています。その他、全国25を超える諸国から食品などが進貢されています。さらに夏には、大和の東部山中の都祁に氷室（天然の冷蔵庫）を直営していたらしく、そこから氷を運ばせています。

　長屋王邸内の溝やゴミ穴からは、大量の同規格の食器や調理具が出土し、その大半は土師器と須恵器です。「土師女」「奈閉作」と記された木

210

簡も発見されており、どうやら邸内に食器などを作る工房が存在したようです。また、少量ですが、木製の器・箸・匙も出土しています（奈良国立文化財研究所編『前掲書』吉川弘文館 1991 年）。長屋王（天武天皇の孫、正二位左大臣）は貴族中の貴族であり、すべての貴族層（五位以上の上級官人）がそうであったわけではありませんが。

　722 年（養老六）12 月に、元明天皇の一周忌法要に際して、元正天皇が大安寺および法隆寺に施入した白銅製の供用具は、飯を盛る鉢１口・副食を盛る多羅（皿状の容器）２口・鋺７口・匙（スプーン）１枚・箸１具の12 点で１セットとなっており（大安寺・法隆寺資財帳）、これらに盛られる食品は、かなり豊富であったと思われます。また、上級官人層の使用する食器は、土器・木器を合わせて基本的に６〜７種類が１セットで、それに対応する食品が食膳に供されていたでしょう。金属器や漆器・施釉陶器はとても高級なもので、上級官人層でも日常生活には、須恵器・土師器および木器が使用されていました。当時は、食材に対して調理段階ではそれほど味付けしなかったようで、各自の食膳に置かれた調味料を好みに応じて使われました。

　当時の調味料には、食塩・酢・酢滓・醤・醤糟・未醤・荒醤・豉・酒・醴・飴・糖・胡麻油・蘇・酪などがありますが、甘蔓・蜂蜜・乾燥果実やその粉・干魚・堅魚煎汁なども利用されていました。この時代の調味料は、食材の中に浸み込ませるのではなく、蒸す・焼く・干すなどすでに加工された食べ物にかけたり、つけたりして使用されました。もともと食材と調味料は別個の存在であり、調味料の添加は、単に味を調整するためだけではなく、薬餌、栄養、さらには殺菌などの効果も期待されていました（樋口清之『前掲書』1976 年）。

《下級官人層の食生活》

　一般的に下級官人の食事は、白米の主食と副食として野菜・海藻の1汁1〜2菜程度であったと言われています。しかし、確かなことは分かっていないのが現状です。ここでは、正倉院文書の中に比較的多くの史料が残っている写経所の写経生たちを題材に、当時の下級官人層の食生活を見てゆきたいと思います。写経生たちは無位の番上官の身分の者が大半ですが、律令官僚制を構成するれっきとした官人身分でもあるからです。

　写経所に出仕する彼らの多くは、宿舎での共同生活をしており、「朝夕常食」と称される朝夕2回の食事が、さらに、お昼には「間食」として餅・団子・索餅などが支給されていました。当時の食事は朝夕の2食が基本であり、間食はもともと激しい労働に携わる者への支給として始まったものと思われます。写経所には厨（調理場）の施設があり、厮女・雇女や仕丁などが調理をしていました。このような方式は、写経所のみならず、平城宮内の他の官司において一般的に行われていたと思われます。

　それでは、彼らの食事として、どのような食品がどの程度支給されていたのでしょうか。正倉院文書にある「食法」（『大日古』11-486〜489）という史料を見てみましょう。

　食　　法
　　一、経師幷びに装潢の一日の料^{装潢は大小豆、麦、粳米、生菜の直銭を除け}
　　　　米二升、海藻一両、滑海藻二分、末滑海藻一合^{滑海藻と相継げ、}醤・未醤各一合、酢五勺、塩六勺^{已上六種は長く充てよ、}大豆一合、小豆二合^{已上二種は長く充てよ、}布乃利一両、心太・位岐須各二分^{已上三種は相継げ、}漬菜二合、生菜の直銭二文^{漬菜と相継げ、}小麦五合、糯米四合^{小麦と相継ぎ、月中に六度給へ、已上九種は在るに随い必ずしも充てず}

　　一、史生・雑使・膳部の一日の料

　　　　米一升二合、海藻一両、滑海藻二分、漬菜二合、醬・未醬各六
　　　　勺、酢四勺、塩四勺
　一、校生の一日の料
　　　　米一升六合、海藻一両、滑海藻二分、漬菜二合、醬・未醬六勺、
　　　　酢四勺、塩四勺

　　　　　　　　　　（以下省略）

　この食法（宝字五年（761）頃か）に依れば、経師（書写を担当）および装潢（経紙の作成・経典の装丁を担当）に、主食として白米二升、調味料として醬・未醬各１合、酢５勺、塩６勺、副食品として海藻1両（わかめ）、滑海藻2分（あらめ）、末滑海藻一合（め）、布乃利1両（ふのり）、心太（てんぐさ）・伊岐須各2分（いぎす）が支給されています。経師には、大豆・小豆・小麦・糯米さらには野菜を購入するための銭まで支給されています。これらの支給された食品などから、主食は白米の飯、副食として野菜・海藻などの羹（汁・吸い物類）、野菜・海藻類などの煮物・和え物・酢の物や炒め物などが食膳にあがっていたと思われます。また、糯米・大豆・小豆・小麦などから嗜好品としての餅・団子や索餅が作られ、間食として食されていたのでしょう。

　さらに、写経生たちが日常使っていた食器の数は、大筥１合・埦１口・杯１口・佐良１口・塩杯１口という組み合わせが一般的であり、上記の食品などから類推して、写経生たち、即ち下級官人の普段の食膳は、白米の飯と、羹１〜２埦、おかず類１〜２皿、漬物、塩ということになりそうです。それに間食として、餅や団子などが支給されていたのでしょう（関根真隆『前掲書』1969年）。写経所で支給される食品なども、職種・階層などにより差があり、ここでは経師が優遇されています。以前に少し触れましたが、宝亀四年（773）二月を境に、写経所における布施が半減されることに伴って食米の支給も減少し、経師・装潢は２升から１升

6合に、校生（校正を担当）は1升6合から1升2合に減らされましたが、案主（書記分野を担当する雑任）・仕丁は1升2合が維持されています（『大日古』21-134〜135奉写一切経所食口案帳）。

　写経所においては、写経生たちに肉や魚介類は支給されていませんが、それは写経所が仏教施設であったからで、一般の官司においては、堅魚や雑魚などを酒と共に支給されてもいました（『令集解』巻三職員令大学寮条釈所引天平二年三月二十七日奏、『大日古』2-134天平十年周防国正税帳）。

　なお、当時の酒は、濁酒・糟・粉酒・清酒（濁酒をこしたやや澄んだ濁酒）などです。糟は湯に混ぜて熱し、糟湯酒にしてのむものであり、粉酒は醴で、今の甘酒にあたります。一般に飲まれていたのは濁酒で、アルコール濃度はかなり低かったと思われます（樋口清之『前掲書』1976年）。

図13　貴族と庶民の食事

料理復元：奥村彪生
写真提供：奈良文化財研究所

付章　律令官人と三面記事

奈良時代についての基本史料である『続日本紀』に目を通していますと、必ずしも研究の題材として直接に役立つわけではありませんが、何か心が引かれる内容をもつ記事がいくつも存在します。そのなかには、現代社会にも相通じる人々の哀歓を感じさせる記事もあります。また、神話や伝説をおもな素材としている『日本書紀』に比べて潤色が少なく、当時の政府に保存されていた文書や記録などを基本として編纂されていますので、記事の信頼性も格段と高いものがあります。

　ここでは、本書の主題である律令官人あるいは官人社会などに関連する『続日本紀』の記事の中から、現代社会に生きる私たちにも興味が持ち得ると思われる内容のものを、エピソード風にいくつか紹介したいと思います。

◎対馬からの黄金の献上は詐欺（大宝元年〈701〉八月七日条）

　701年（文武天皇五）3月に対馬から献上された瑞祥（黄金）により、同月21日に「大宝」と建元されました。それに伴い同8月7日に、その関係者の功に報いるために次のような授位賜物が行われました。現地に派遣され黄金の精錬にあたった大倭国忍海郡の人である三田首五瀬には正六位上を授け、封50戸と田10町、絁・真綿・麻布・鍬が与えられ、雑戸の名を免除して良民とされました。対馬の嶋司（＝国司）と郡司の主典以上に位を一階昇進させ、金を産出した郡の郡司には二階位を、金を発掘した当人である家部宮道には正八位上を授け、合わせて絁・真綿・麻布・鍬が与えられました。また、三田首五瀬を最初に派遣した功により、贈右大臣大伴宿禰御行（同年正月十五日没）の子（御依？）にも封100戸・田40町を賜りました。

　しかし、後日この錬金のことは事実ではなく、五瀬の詐欺であることが発覚し、御行が騙されていたことが判明したと、本文分注にある『年

代歴』によって知られています。本当に五瀬の詐欺であったのか、御行も共犯であったのか、また現地で金を発掘したとされる宮道はその後どうなったのか、何れも記録が残っていませんので、ことの真偽は定かではありません。

　現在に至るまで途切れることなく続く最初の年号である「大宝」が、このような詐欺によって定められたということは（続日本紀の編者はそのように認識していた）、今となってみれば微笑ましい出来事のように思われます。

　なお、『続日本紀』には「建元」と記され、木簡など同時代の紀年は大宝以前を干支年で記されています。

◎３度連続して双子が生まれる（景雲三年〈706〉二月十四日条）
　山背国相楽郡の鴨首形名という女性が、６人の子どもを双子として３度出産しました。最初に双子の男の子、次に双子の女の子、最後に双子の男の子をという具合です。『続日本紀』には18例の多産記事が載せられていますが、一般に多産記事は三つ子以上に限られています。しかし、双子の連続３回の出産という珍しいケースであり、最初に生まれた男子２人を大舎人に任命するという詔も下されたことでもあり、記載されたのでしょう。大舎人は前述したように、天皇の側近に仕えて護衛や雑用にあたるもので、五位以上の子孫および内六位以下八位以上の嫡子から任用されますので、一般庶民出身者が大舎人に任用されることは異例のことだと思われます。多産褒賞は、絁・綿・布・稲などを賜い、乳母が与えられることが一般的です。

　こうした多産記事については、京に近接する地域と東国に限られていること、淳仁・称徳朝には見られないことなどから、政治的配慮がなされているとの指摘もされています（直木孝次郎『奈良時代の諸問題』塙書房1968年）。

付章　律令官人と三面記事　217

ちなみに、『続日本紀』には２例の四つ子（２例とも２男２女）の記事が載せられています（文武天皇三年〈699〉正月二十六日条、天平勝宝四年〈752〉七月二十日条）。

◎皇后宮の宴会で福引が行われた（天平二年〈730〉正月十六日条）

　正月の16日に、天皇（聖武）は大安殿（内裏の正殿）に出御して、五位以上の官人を踏歌の節会（足を踏みならして歌い舞う儀式）の宴に招きました。夕暮れになり、天皇は皇后宮（光明子の居所、後の法華寺）に移られたので、百官の主典以上の官人たちは天皇のお供をして、踊り歌い、音楽を奏しながら皇后宮に向ったところ、天皇はその官人たちを宮内にひき入れ、酒食を賜い、短籍（籤の当たる札）を引かせました。短籍には仁・義・礼・智・信の五文字のうち一字が記されており、仁を引いた者には絁、義は糸、礼は綿、智は布、信は一段の常布（商布）を賜りました。

　まさに現代でも宴会の余興で行われている福引と同じであり、記録に残る最古の福引の例と言えるでしょう。

◎長屋王の変に起因する殺人事件（天平十年〈738〉七月十日条）

　左兵庫少属従八位下の大伴宿禰子虫と右兵庫頭外従五位下の中臣宮処連東人は、たまたま隣り合わせの寮（官庁）に所属していたことから、勤務の合間にいつも碁を打っていたようです。事件のあった当日も、いつものように碁を楽しんでいましたが、話が長屋王のことにおよび口論になり、激怒した子虫が剣を抜いて東人を切り殺すという凶行におよびました。

　長屋王の変（729）は、藤原氏が対立する左大臣長屋王を陰謀により除き去り、藤原氏による権力独占の出発点となった事件ですが、その陰謀に加担していたのが東人でした。被害者である東人は、長屋王の謀叛を

密告した功により、無位から外従五位下に叙され、封30戸・田10町を賜っています。加害者である子虫は、かつて長屋王に仕えており、たいへん手厚い待遇を受けていました。そんな境遇のふたりが起こした事件です。

　もともと長屋王の変は、東人等の誣告（故意に事実をまげて訴える）から始まっていますが、その事実を子虫は初めから知っていたのか否か、東人との関係は変以前からなのか否か、それによりこの殺人事件の様相は一変すると思われます。もしその事実を知って東人と碁仲間になっていたとすれば、変後9年間、恩人の敵討ちとしての殺害のチャンスを狙っていたとも考えられますし、事件当日にその事実を知ったとすれば、発作的に起こした事件とも考えられます。この事件に関する史料はこれ以上ありませんので、事件の真相は定かではありません。

◎盧舎那大仏開眼供養に僧侶1万人が参加（天平勝宝四年〈752〉四月九日条）
　4月9日、東大寺の盧舎那大仏の像が完成し、開眼供養が行われました。当日、聖武太上天皇・光明皇太后・孝謙天皇は東大寺に行幸し、天皇みずから文武の官人たちを引き連れて、供養の食事を設け、盛大な法会を行いました。開眼導師は聖武太上天皇に代わって菩提僧正（インドの僧、736年来日）が行い、隆尊が講師・延福が読師・唐僧道璿（736年来日）が咒願師になり、すでに没していた行基に代わってその弟子景静が都講に任命されて、法会を総括しました。

　その儀式はまったく元旦のそれと同じで、五位以上の官人は礼服を着し、六位以下の官人は位階に相当する朝服を着用して参列しました。

　この法会には、僧侶1万人が招かれ、雅楽寮や諸寺の楽人が動員され、さまざまな音楽が演奏され、また、皇族や貴族による五節の舞（五節の節会に舞われる宮廷の舞）・久米舞（神武東征伝説にちなむ久米歌の舞）・楯伏舞（楯・

付章　律令官人と三面記事　219

刀などをもって舞う）・踏歌・袍袴の舞（袍や袴を着て舞う）などが演じられました。東西に分かれて歌い、庭のあちこちに場所を占めて演奏される華やかな情景は、仏教が日本に伝来して以来、これほどの法会はいまだかつてありませんでした。

743年（天平十五）に発願された盧舎那大仏の造立は、当初は近江の紫香楽で進められましたが、後に平城京の東の金鍾寺に場所を移して継続されました。発願以来8年以上の歳月を費やして開眼にまでこぎつけた、聖武太上天皇をはじめ当時の人々の感動と喜びの光景が眼に浮かぶ思いです。この開眼供養に使用された品々が正倉院には多く伝存されています。また、この法会に参列した僧侶の名前が記されていると思われる「蠟燭文書」（東大寺盧舎那仏開眼供養奉僧名帳）も残されています。

◎葦原王、殺人罪により遠流（天平宝字五年〈761〉三月二十四日条）

葦原王は生まれつき凶悪な性格で、日頃から酒屋に入り浸っていました。ある日、御使連麻呂と賭けごとをしながら酒を飲んでいましたが、何があったのか、突然逆上して麻呂を刺殺したうえ、股の肉を切り取り、死体の胸の上に置いて切り刻むという、残酷な所行にいたりました。それだけでなく他の罪状も明らかとなり、所管官庁は奏上して罪を決するよう申請しました。葦原王は刑部親王（大宝律令撰定の主宰者）の孫であったので、天皇の命で罪一等を減じて、王名をはく奪し龍田真人と姓を改められ、王の子ども6人共々多褹嶋に配流されました。

当時、平城京には酒屋が相当数あったようで、京に住む官人たちも、それなりに都市生活をエンジョイしていたようです。と同時に、そうした場所で彼らが起こした「酒にまつわるトラブル」も少なからず歴史に残されています。

◎渡来系上級（貴族）官人のエース百済 王 敬福（天平神護二年〈766〉六月二十八日条）

　刑部卿従三位百済王敬福の薨伝が『続日本紀』に記されています。それによると敬福は、百済の亡命王族善広王の孫郎虞（737死亡時散位従四位下）の第3子で、性格は自由奔放であり、たいへん酒色を好む人でした。聖武天皇に特に寵愛され、恩賞や賜り物も多くありました。敬福は官人や庶民で清貧な暮らしのことを訴える者があった時には、そのつど他人の物を借りてまで予想以上の物を与えました。そのため、しばしば「収入の多い」地方官に任命されましたが、家には余分な財産はありませんでした。事実、陸奥（2度）・上総・常陸・出雲・伊予・讃岐の各国守および南海道節度使に任命されています。しかも、その性分は理解・判断力に優れ、政治上の力量もあったようです。

　国守（従五位上）として陸奥国に赴任していた当時、盧舎那大仏の像を建造中で、その鋳造は終わっていましたが、大仏に鍍金する金が不足していました。ところが、敬福は陸奥国から駅馬を馳せて、小田郡から産出した黄金900両を貢上しました。聖武天皇はたいへん喜んでこれをほめたたえて、天平二十一年を天平感宝元年と改元を行い、敬福に従三位を授けています。従五位上からの従三位への昇叙は特例のことです。

　その後、前述した各国守や宮内卿・右大弁などを歴任していますが、中央では、757年（天平宝字元）7月の「橘奈良麻呂の変」においては奈良麻呂ら一党の糾問にあたり、764年（天平宝字八）10月の淳仁天皇廃位時には外衛大将として重要な役割を担い、ついで765年（天平神護元）10月の河内弓削寺行幸の時には百済の舞を奏上するなど、時の権力者に順応し、渡来系上級（貴族）官人として無難に一生を終えています（没年齢69歳）。将に彼の「性分」面目躍如というところでしょうか。

　なお、百済王家のウジナは「余」ですが、王家の人々は「百済王」と

付章　律令官人と三面記事　221

いう称呼で、いわゆる「蕃客」としての待遇を与えられていたようです。しかし、律令国家が成立していく過程で亡命百済王家の人々は官人化され、「百済王」は姓に転化して、律令的社会秩序に組み込まれたと思われます。王を「コニキシ」と読むのは、古代朝鮮語によるものでしょう。

◎尾張・美濃国境の鵜沼川の水防工事（神護景雲三年〈769〉九月八日条）

　尾張国と美濃国の国境を流れる鵜沼川（現在の木曽川）が今年の洪水で流路が変わり、日ごとに葉栗・中島・海部の3郡に住む百姓の水田や家屋を浸食していました。このまま放置すれば、下流に位置する尾張国の国府や国分二寺（国分寺と国分尼寺）も被害を受ける状況にありました。そこで尾張国は、中央政府に対して解工使（水路の開掘や堤防などの土木工事を指導する技術者）の派遣と共に河道の復旧を要請しましたが、この要請が認められました。

　旧暦9月は台風上陸の季節でもあり、その被害復旧および予防のためにも、河川工事の経費と技術援助を中央政府が認めたもので、中央集権国家としての律令国家が民政全般に責任を負っていた点では、現代国家に相通じるものがあるのでしょうか。現在でも行われている、県当局の職員が政府の関係諸官庁に陳情に訪れ、政府の諸援助を要請する様相が思い浮かびます。

◎菅生王、レイプ事件で官界追放……？（宝亀三年〈772〉十月五日条）

　中務大輔従五位上で少納言を兼ねる菅生王は、小家内親王をレイプしたとの罪で官位をすべてはく奪され、被害者である内親王も皇親籍から除籍されてしまいました。未婚の女性と関係を持つと懲役1年・既婚の女性との場合は懲役2年、レイプの場合は罪一等が加えられます（雑律姦条）。また、レイプの場合には女性は罪に問われませんが、合意の上

での関係の場合は男女とも同罪とされます（雑律和姦婦女罪名条）。この事件は、菅生王・小家内親王共々罪を問われていますので、合意の上での出来事だったのでしょうか。あるいは、女王・宮人を管掌する中務大輔の監督責任を問われたものなのでしょうか。

　小家内親王のその後の消息は不明ですが、菅生王は半年後には大赦によってと思われますが、本位の従五位上に復位しています（宝字四年四月二十二日条）。こうした事件においては、被害者の権利が必ずしも保証されないことは、現代の状況と相通じるものがあります。

◎火事から遣唐使船を救った梶師の異例な出世（宝亀六年〈775〉四月十日条）

　遣唐使の往来には、悲喜交々な運命をたどったケースが多々ありますが、次のケースもそのひとつです。

　肥前国松浦郡出身の川部酒麻呂は、752年（天平勝宝四）発遣の遣唐使船の第四船の梶師に任命されました。この遣唐使には、大使藤原清河・副使大伴古麻呂、さらに追加任命された吉備真備が副使として起用されていました。

　翌年11月、遣唐使船4船はいっしょに蘇州黄泗浦から日本に向けて帰路に就きました。酒麻呂の乗船した第四船は順風に乗って航行していましたが、突然船尾から失火し、炎は艫をおおって飛び火し、乗船者は恐れ慌てて、なすすべもありませんでした。その時、酒麻呂は梶を廻して風の力で火を消そうとしましたが、近くから燃えあがった火のため、手が焼けただれてしまいました。しかし、彼は梶を握ったまま動かず、ついに火を消すことに成功しました。帰国（754）後、その功によって無位から10階級特進の従七位上が授けられ、松浦郡の主帳に任命されました。これだけでも異例な出来事ですが、今回（775・帰国から21年後）さらに外従五位下を授けられました。外位とは言え、一介の庶民が上級（貴

付章　律令官人と三面記事　223

族）官人層の仲間入りを果たしました。どうやら同年6月の遣唐使任命（宝亀六年六月十九日条）に関係があるようです。

　ところで、その他の船はどうなったのでしょうか。4船はともに沖縄までは無事に来ましたが、大使藤原清河・留学生阿倍仲麻呂らが乗船した第一船は暴風雨に遭って南方に漂流し、清河と仲麻呂はなんとか長安に戻ることはできましたが、再び日本に帰国することはありませんでした。副使大伴古麻呂・鑑真らを乗せた第二船は、753年（天平勝宝五）12月20日に薩摩国秋妻屋浦に着き、翌年（天平勝宝六）2月4日に古麻呂らは入京しました。と同時に、念願の鑑真の招聘が実現されました。しかし、帰国3年後の757年には「橘奈良麻呂の変」に連座して、古麻呂は命を落とすことになります。第三船で帰国した副使吉備真備は、藤原仲麻呂政権下では中央政界から退けられましたが、称徳天皇の信任を得て地方豪族出身者としては異例の出世を遂げ、正二位右大臣にまでのぼりつめました。世の古今東西を問わず、人生は「禍福は糾える縄の如し」なのでしょうか。

　なお、推定される遣唐使船の大きさは、全長約24メートル・最大幅約9.4メートル程度で、総勢500〜600人程度が4隻に分乗するのが普通でした。そのため、遣唐使船の船団は「四の船」と呼ばれていました。

付章　律令官人と三面記事　225

主要参考・引用文献

【史　料】

『隋書倭国伝』岩波文庫 1951 年

『旧唐書倭国日本伝』岩波文庫 1956 年

『日本書紀』下（『日本古典文学大系』68 ）岩波書店 1965 年

『続日本紀』（『新日本古典文学大系』12 ～ 16 ）岩波書店 1989 ～ 98 年

『日本後紀』（『新訂増補国史大系』3）吉川弘文館 1934 年

『律令』（『日本思想大系』3）岩波書店 1976 年

『令義解』（『新訂増補国史大系〈普及版〉』）吉川弘文館 1977 年

『令集解』（『新訂増補国史大系〈普及版〉』1 ～ 4）吉川弘文館 1981 ～ 83 年

『類聚三代格』（『新訂増補国史大系〈普及版〉』前篇・後篇）吉川弘文館 1980 年

『延喜式』（『新訂増補国史大系〈普及版〉』前篇・中篇・後篇）吉川弘文館 1979 年

『公卿補任』第一篇（『新訂増補国史大系』）吉川弘文館 1979 年

『大日本古文書』編年文書 東京大学出版会 1982 ～ 83 年（復刻）

『万葉集』（『日本古典文学全集』2 ～ 5 ）小学館 1971 ～ 1975 年

『菅家文章』（『日本古典文学大系』72 ）岩波書店 1966 年

『日本古代木簡選』木簡学会編 岩波書店 1990 年

『日本古代木簡集成』木簡学会編 東京大学出版会 2003 年

『木簡研究』木簡学会編 創刊号・3・8・9・10・11・21 号

【著　書】

青木和夫『日本律令国家論攷』岩波書店 1992 年

青木和夫・岡田茂弘編『古代を考える 多賀城と古代東北』吉川弘文館 2006 年

阿部猛『万葉びとの生活』東京堂出版 1995 年

石母田正『日本の古代国家』岩波書店 1970 年

　　　　　『日本の古代国家論 第一部』岩波書店 1973 年

井上薫『奈良朝仏教史の研究』吉川弘文館 1966 年

井上和人『日本古代都城制の研究』吉川弘文館 2008 年

岩橋小彌太『上代官吏制度の研究』吉川弘文館 1964 年

近江俊秀『平城京の住宅事情』吉川弘文館 2015 年

小澤毅『日本古代宮都構造の研究』青木書店 2003 年

沖森卓也他編『文字と古代日本 5 文字表現の獲得』吉川弘文館 2006 年

鏡山猛『大宰府都城の研究』風間書房 1968 年

鐘江宏之『日本の歴史 3 律令国家と万葉びと』小学館 2008 年

岸俊男『日本古代政治史研究』塙書房 1966 年

岸俊男編『日本の古代』6 巻・9 巻・14 巻・15 巻 中央公論社 1987 ～ 88 年

鬼頭清明『日本古代都市論序説』法政大学出版会 1977 年

　　　　『古代木簡の基礎的研究』塙書房 1993 年

栄原永遠男『日本の歴史 4 天平の時代』集英社 1991 年

　　　　『奈良時代流通経済史の研究』塙書房 1992 年

坂本太郎『日本古代史の基礎的研究　下』東京大学出版会 1964 年

笹山晴生『古代国家と軍隊』中公新書 1975 年

佐藤全敏『平安時代の天皇と官僚制』東京大学出版会 2008 年

佐藤信『日本古代の宮都と木簡』吉川弘文館 1997 年

　　　　『出土史料の古代史』東京大学出版会 2002 年

佐藤信編『日本の時代史 4 律令国家と天平文化』吉川弘文館 2002 年

　　　　『史跡で読む日本の歴史 4　奈良の都と地方社会』吉川弘文館 2010 年

須原祥二『古代地方制度形成過程の研究』吉川弘文館 2014 年

関根真隆『奈良朝食生活の研究』吉川弘文館 1969 年

　　　　『奈良朝服飾の研究』吉川弘文館 1974 年

高橋崇『律令官人給与の研究』吉川弘文館 1970 年

瀧川政次郎『律令の研究』刀江書院 1931 年

竹内理三『律令制と貴族政権　第二部』御茶の水書房 1958 年

舘野和己『古代都市平城京の世界』山川出版社 2001 年

田辺征夫『平城京 街とくらし』東京堂出版 1997 年

田辺征夫・佐藤信編『古代の都 2 平城京の時代』吉川弘文館 2010 年

寺崎保広『若い人に語る奈良時代の歴史』吉川弘文館 2013 年

土田直鎮『奈良平安時代史研究』吉川弘文館 1992 年

坪井清足・平野邦男編『新版日本の古代 6　近畿 II』角川書店 1992 年

東野治之『正倉院文書と木簡の研究』塙書房 1977 年

　　　　『木簡が語る日本の古代』岩波新書 1983 年

　　　　『書の古代史』岩波書店 1994 年

虎尾達哉『律令官人社会の研究』塙書房 2006 年

直木孝次郎『奈良時代の諸問題』塙書房 1968 年

中村順昭『律令官人制と地域社会』吉川弘文館 2008 年

　　　　『地方官人たちの古代史』吉川弘文館 2014 年

仁籐敦史『古代王権と都城』吉川弘文館 1998 年

野村忠夫『律令官人制の研究』吉川弘文館 1967 年

　　　　『古代官僚の世界』塙新書 1969 年

　　　　『官人制論』雄山閣出版 1975 年

馬場基『平城京に暮らす』吉川弘文館 2010 年

早川庄八『日本古代の財政制度』名著刊行会 2000 年

林部均『飛鳥の宮と藤原京』吉川弘文館 2008 年

春名宏昭『律令国家官制の研究』吉川弘文館 1997 年
樋口清之『日本食物史』柴田書店 1961 年
　　　　『食べる日本史』柴田書店 1976 年
　　　　『日本の歴史』第 2 巻・第 6 巻　講談社 1979 〜 80 年
平川南『日本の歴史 1 日本の原像』小学館 2008 年
平川南他編『文字と古代日本 2 文字による交流』吉川弘文館 2005 年
増田美子『古代服飾の研究』源流社 1995 年
丸山裕美子『天平の光と影』日本放送出版協会 1999 年
山下信一郎『日本古代の国家と給与制』吉川弘文館 2012 年
山田英雄『日本古代史攷』岩波書店 1987 年
山中敏史『古代地方官衙遺跡の研究』塙書房 1994 年
吉川真司『律令官人制の研究』塙書房 1998 年
渡辺晃『日本の歴史 04 平城京と木簡の世紀』講談社 2001 年
　　　『平城京 1300 年「全検証」』柏書房 2010 年
岩波講座『日本歴史 3 古代 3』岩波書店 1976 年
　　　　『日本通史 4 古代 3』岩波書店 1994 年
　　　　『日本歴史 3 古代 3』岩波書店 2014 年
歴史学研究会・日本史研究会編『講座日本歴史 2 古代 2』東京大学出版会 1984 年

※発掘調査報告書および論文集・研究雑誌所収の論文などは、ここでは割愛しました（本文参照）。

229

事項索引

【あ】

飛鳥浄御原令（あすかきよみはらりょう） ·············37, 40, 63

按察使（あぜち） ······························161

案主（あんず） ····························117, 214

【い】

「移」（い） ······························58

位階（いかい） 23, 25, 28, 31, 37, 43, 44, 46, 47 50, 51, 67, 74, 77, 79, 82 〜 84, 99, 102, 104, 105, 107, 112, 122, 123, 127, 133, 134, 137, 139, 140, 151, 153 〜 155, 159, 185, 196, 201, 219

肆（いちくら） ············29, 30

市司（いちのつかさ） ·············23, 29, 32, 50, 60

市人（いちびと） ······················30, 31

位封（いふ） ························106, 113

位分資人（いぶんしじん） ·················106, 107

位禄（いろく） ·············28, 43, 105 〜 107, 113

因事管隷（いんじかんれい） ··················58, 59

引唱（いんじょう） ························134

【う】

漆紙文書（うるしがみもんじょ） ···149, 162, 170, 174, 178

【え】

永徽律令（えいきりつりょう） ····················41

衛士（えじ） ·········50, 55, 63, 66, 67, 71, 102

衛府制度（えふせいど） ······················66, 70, 71

衛門府（えもんふ） ···18, 50, 55, 59, 63, 66, 71, 89

【お】

塩蔵食品（えんぞうしょくひん） ························206

王土王民（おうどおうみん） ····················34, 185

王勃集（おうぼっしゅう） ····················175, 179

大路（おおじ） ······13, 14, 16, 17, 162, 188, 189

大舎人（おおとねり） ·········35, 36, 67, 78, 179, 217

蔭位制（おんい） ····················75 〜 77, 79, 80

蔭階（おんかい） ························79, 80

【か】

外衛府（がいえふ） ························70, 71

開門鼓（かいもんこ） ························86, 87

汗衫（かざみ） ·············96, 103, 198, 199

過所木簡（かしょもっかん） ························18

門部（かどべ） ························66

長官（かみ） 36, 56, 57, 59, 61, 68, 70, 74, 92, 101, 123, 126 〜 128, 130, 138, 163, 164

家令所（かれいしょ） ···················50, 115, 188

瓦葺き（かわらぶき） ·············16, 48, 162, 190, 191

官位（かんい） ···18, 81, 83, 105, 110, 117, 222

官位相当（かんいそうとう） 42, 47, 50, 52, 57, 59, 65, 68, 70, 74, 79, 106, 123, 163

官職（かんしょく） 36, 43, 44, 46, 47, 50, 57, 74, 75, 83, 104 〜 106, 108 〜 112, 115, 122 〜 124, 128, 140, 154, 155, 203

間食（かんじき） ························212, 213

乾燥食品（かんそうしょくひん） ························206

230

貫頭衣（かんとうい） ……………………………197
管隷（かんれい） …………………………………58

【き】

基階（きかい） ……………………………………135
擬階（ぎかい） ………………………………133, 134
擬階簿（ぎかいぼ） ………………………………134
擬階目録（ぎかいもくろく） ………………133, 134
木履（きぐつ） ………………………………201, 202
棄市（きし） ………………………………………32
議定官（ぎじょうかん） ………………………60 ～ 62
魏徴時務策（ぎちょうじむさく） ……………174, 175
「格」（きゃく） …………………………………34
宮城門（きゅうじょうもん） …………17, 18, 55, 86, 201
挙（きょ） …………………………………………76
「行」（ぎょう） ……………………………123, 124
京官（きょうかん） ………………86, 91, 92, 114, 115
経師（きょうし） 89, 95 ～ 99, 103, 117, 118, 197,
199 ～ 202, 212, 213
共食（きょうしょく） ……………………………148, 149
季禄（きろく） 28, 31, 43, 47, 67, 105, 106, 110,
134
禁国（きんこく） …………………………………107

【く】

公廨田（くがいでん） …………………………………108
草醤（くさひしお） …………………………………206
貢人（くにん） ………………………………………76
葉椀（くぼて） ………………………………………204
厨（くりや） …48, 118, 146, 158, 189, 190, 212
軍毅（ぐんき） 50, 129, 136, 139, 151, 157, 158
郡家（ぐんけ） 149, 150, 153, 156, 158 ～ 160,
170
郡司館（ぐんじのたち） ………………………………158
郡庁院（ぐんちょういん） ……………………………158
郡領（ぐんりょう） ……………………………154, 155

【け】

「解」（げ） ……………………………………………58
外位（げい） 50, 80, 83, 108, 123, 139, 154, 224
外位制（げいせい） ……………………………36, 139
計帳（けいちょう） ……………………………151, 181
外官（げかん） 51, 86, 90 ～ 92, 109, 114, 115,
134, 163
外記（げき） ………………………………………60, 77
劇官（げきかん） ………………………………109, 110
外考（げこう） ……………………………………123
外散位（げさんい） ………………………134, 137, 140
外長上（げちょうじょう） 123, 129, 136, 137, 155
結階（けっかい） ……………………………37, 134 ～ 138
月借銭解（げっしゃくせんげ） ……………193 ～ 195
月料（げつりょう） ……………………………109, 111
献物叙位（けんもつじょい） …………………………82, 83

【こ】

袴（こ） ……………………100 ～ 103, 198 ～ 200
考（こう） ………………………………………123, 134
校尉（こうい） …………………………………65, 151
庚寅年籍（こういんねんじゃく） ……………………37, 63
考課（こうか） 35, 36, 67, 79, 108, 118, 122, 140
後宮（こうきゅう） ……………………………20, 50, 55
貢挙（こうきょ） ……………………………………76, 150
告朔解（こうさくげ） …………………………………118
小路（こうじ） ……………………13, 14, 16, 162, 189

事項索引　231

貢進（文）………………………78
皇親政治 ………………………35
校生　96, 98, 103, 117, 199, 201, 213, 214
考選 ……………36, 37, 122, 140
考銭 ………………………141, 142
口頭行政 ………………………40
考問 ………………………134
国府津 ……………………146, 150
考料 ………………………141, 142
五衛府 ……66〜68, 70, 71, 90〜92
估価 ………………………29, 30
国師 ………………149, 151, 157
国造 ………………………155, 157
国司館 ……………146, 149, 150, 162
国庁 ……………146〜148, 153, 158
穀醬 ………………………206
国府交易圏 ………………146, 150
国忌 ………………………93
挙人 ………………………76
近衛府 ……………………69〜71
褌 …………………………103, 199
権帥 ………………………164

【さ】
「最」……………128, 129, 132, 137
歳試 ………………………76
主典　39, 56, 57, 59, 74, 79, 98, 111, 116, 134, 218
防人 ………………………63, 91, 162
防人司 ……………………161, 165
酒　32, 98, 99, 191, 206, 211, 214, 220

冊封 ………………………38
左右衛士府 ……55, 59, 63, 66, 71, 92
左右兵衛府 …55, 59, 66, 67, 71, 92
左右弁官局 ………………60, 61
佐波理 ……………………203
散位（寮）……………74, 106, 140
三衛府 ……………………70, 71
参議 …………54, 60, 108, 164, 204
三将官制 …………………71

【し】
四科 …………………76, 122, 123
「式」………………………34
職封 ………………………108
式部判補 …………………75
職事官　47, 56, 74, 75, 91, 92, 110, 116, 200, 201
職分資人 …………………109
職分田 ……………108, 109, 155
食法 ………………………212, 213
宍醬 ………………………206
資人　31, 50, 74, 75, 78, 79, 108, 124, 129, 139, 140
資銭 ………………………140
市籍人 ……………………30
四善 ………………………128
史生　29, 56, 60, 74, 75, 79, 111, 116, 151, 153, 180, 212
襪 …………………………96, 199
四等官　50, 56, 57, 59, 66, 68, 69, 74, 75, 122, 123, 128, 129, 150, 153〜155, 159, 163

写経生試字 ……180
爵位 ……36〜38
「守」 ……123, 124
手実 ……118, 152, 181
主神 ……163
主政 56, 74, 75, 129, 151, 154, 155, 179
主帳 56, 65, 74, 75, 129, 151, 154, 155, 179, 223
出身 ……75, 78, 84
授刀舎人 ……68, 69, 106
旬試 ……76
少毅 ……65, 74, 75, 129, 151, 158
将監 ……68〜70
省試 ……76, 77
将曹 ……68〜70
「条」 ……13
浄衣 ……96〜98, 103, 118
条間路 ……13, 14
正倉院 103, 146, 148, 150, 156, 158, 175, 178, 196, 197, 203, 208, 220
定考 ……130
成選 ……123, 130, 138, 143
装束假 ……92
少納言 ……60, 62, 106, 222
上日 47, 104〜106, 110, 118, 119, 124, 137, 138
上日帳 ……88
定省假 ……91
乗田 ……107
条坊制 ……14, 165

続労銭 ……140
職階 ……46, 47
書儀 ……176, 178
事力 ……109, 163
神火 ……156
准折 ……135, 136
新五位制 ……139

【す】
次官 ……56, 57, 59, 74, 92, 101, 127
朱雀大路 ……13, 14, 16, 17
朱雀門 ……13, 16〜18, 20, 87

【せ】
請暇解 ……93, 95, 96
制服 ……43, 99, 101〜103, 200
節禄 ……47, 109, 111
選限 ……78, 80, 123, 130, 134〜137
千字文 ……170, 171, 173, 179
選叙 ……35, 36, 123
選文 ……130, 133, 142
「善」 ……132, 137

【そ】
蘇 ……207〜209, 211
装潢 97, 98, 103, 117, 118, 169, 199, 201, 212, 213
奏事 ……61, 62, 77
曹司 ……48, 88, 146, 158
奏任 ……75, 155
雑任 48, 56, 61, 74, 75, 78, 79, 106, 116, 118, 150, 179, 202

菲（ぞうり） ……………………201, 202

惣領（そうりょう） ………………………35, 146

礎石建物（そせきたてもの） 20〜22, 48, 147, 161, 164,
　　191

素服（そふく） …………103, 197, 199〜201

【た】

大毅（だいき） …………65, 74, 151, 158

大極殿（だいごくでん） 13, 18, 20, 21, 37, 38, 86, 87,
　　100, 103

隊正（たいしょう） ……………………65, 151

退朝鼓（たいちょうこ） ………………86, 87

大弁官（だいべんかん） ……………………………35

宅地班給（たくちはんきゅう） …23, 24, 26, 184, 186, 193

太上天皇（だじょうてんのう） 38, 40, 69, 70, 103, 219,
　　220

田村第（たむらだい） …………………26, 187

【ち】

蓄銭叙位令（ちくせんじょいれい） ………………83, 84

致仕（ちし） ………………108, 109

知太政官事（ちだじょうかんじ） ……………………40

中衛府（ちゅうえふ） ……………67, 68, 70, 71

中央官制（ちゅうおうかんせい） …………35, 60, 163

中央交易圏（ちゅうおうこうえきけん） ……………………29

中納言（ちゅうなごん） …………45, 54, 60, 164

「町」（ちょう） ………………………………14

長上官（ちょうじょうかん） 50, 56, 75, 90, 91, 93, 110,
　　118, 163

朝堂院（ちょうどういん） 13, 18, 20〜22, 48, 61, 86
　　〜88, 100, 147, 164

帳内（ちょうない） 31, 50, 74, 75, 78, 79, 124, 129,
　　139, 188

朝集殿（院）（ちょうしゅうでん） …………20, 22, 88

朝服（ちょうふく） …………43, 99〜104, 200, 219

調味料（ちょうみりょう） ………………206, 211, 213

勅任（ちょくにん） ……………………………50, 75

鎮守府（ちんじゅふ） …………………109, 160, 161

【つ】

築地塀（ついじへい） 13, 16〜18, 22, 48, 188〜
　　190

使部（つかいべ） …56, 74, 75, 78, 111, 163, 179

「坪」（つぼ） ………………………………13

【て】

田假（でんか） …………………………90, 91

天子南面（てんしなんめん） ………………………13

【と】

東院（とういん） ………………………………17

遠の朝廷（とおのみかど） ……………………161

所（ところ） ……………………………146

舎人（とねり） 67〜71, 74〜76, 78〜80, 89,
　　96, 106, 179, 199

伴部（ともべ） ………………56, 66, 74, 111

【な】

内官（ないかん） ………………………………50

内記（ないき） ………………………………61

内考（ないこう） ……………………………123

内外階制（ないげかいせい） ………………31, 139

内長上（ないちょうじょう） 78, 122, 123, 128, 129, 135
　　〜137

【な】

内分番 78, 79, 122, 123, 125, 128, 129, 136, 137, 140

負名氏 ……………………66

【に】

荷札木簡 ……………178, 180

入色 ……………………78

乳製品 ………………207 〜 209

入内 ……………………82, 139

【は】

白丁 …………48, 78, 79, 84, 159

早袖 ……………………199

番上官 46, 56, 75, 95, 106, 110, 163, 201, 212

番上粮 ……………………110

判任 ……………………75, 155

【ひ】

醤 …………………206, 211 〜 213

氷室 ……………………210

兵衛 43, 66 〜 68, 71, 74, 78, 102, 106, 179

便奏 ……………………61, 62

【ふ】

「符」 ……………………58, 61

服解 ……………………125

服色 …………………101, 102, 196

覆奏 ……………………61

不参解 ……………………93, 94, 96

布施 ……………117 〜 119, 202, 213

【へ】

部内巡行 ……………………151, 152

不輸租田 ……………………108

分番 ……………………122, 124

【へ】

別当 ……………………116

版位 ……………………46

弁官局 ……………………51, 60, 61

冕服 ……………………103

【ほ】

袍 …………101 〜 103, 198, 199, 200

「坊」 ……………………13

坊間路 ……………………13, 14, 28

方略策 ……………………76

墨書土器 …………22, 149, 170, 178

僕頭 ……………………197

北辺坊 ……………………14, 184

保存食 ………………204 〜 206

掘立柱建物 20, 21, 158, 164, 191, 192, 195

品官 ……………………56, 74, 128, 163

【ま】

前裳 ……………………199

環餅 ……………………209

【み】

未選 ……………………79

御園 ……………………32

明衣 ……………………200

事項索引 235

【む】

捻餅 むぎかた ……………………………209
索餅 むぎなわ ………………………209, 212, 213

【め】

召文 めしぶみ …………………………97, 98
馬料 めりょう …………………………109, 110

【も】

喪假 もか ……………………………92
物部 もののべ …………………………29, 66
喪服 もふく ………………………200, 201
門籍 もんじゃく ……………………………18
文選 もんぜん ………77, 173, 174, 179, 180
文書行政 もんじょぎょうせい 40, 162, 168 〜 170, 178, 180

【ゆ】

靫負 ゆげい ……………………………66
輸租田 ゆそでん …………………………107, 108
湯帳 ゆちょう ………………………96, 199

【よ】

要劇料 ようげきりょう ………………………109
遙任 ようにん ………………………164

【ら】

礼服 らいふく …43, 100 〜 104, 199, 200, 219
酪 らく ………………………207 〜 209, 211
羅城（門） らじょう ………………13, 16, 17

【り】

「律」 りつ ………………………34, 37, 39, 41
律令制 りつりょうせい 34, 35, 44, 57, 75, 155, 157, 158, 168, 202, 203
「令」 りょう ………………………34, 37, 41
旅帥 りょそち ………………………65, 151

【る】

瑠璃器 るりき ……………………………203
留省 るしょう ………………77, 139, 140, 142

【ろ】

六假 ろっか …………………………90, 91
論語 ろんご ………………170 〜 173, 179
論奏 ろんそう ………………………61, 62, 77

著者略歴

出川　広（でがわ　ひろし）

1952 年　名古屋市に生まれる。

1976 年　國學院大学文学部史学科卒業。

　　　　名古屋市博物館学芸員を経て、愛知県立高等学校教諭を歴任する。

2013 年　定年退職。

専　　攻 ： 日本法制史および公務員労働法

所属学会 ： 正倉院文書研究会・大阪歴史学会・日本考古学会他

主な著書 ： 『食べる美術館』共著 アドア出版 1992 年

　　　　　『地方公務員法基礎ノート』草輝出版 1995 年

　　　　　『教育職員・労働条件の現状と改善案』草輝出版 1996 年

　　　　　『新版 地方公務員法基礎ノート』草輝出版 2000 年

天平の律令官人とくらし

２０１８年10月１日　初版第１刷　発行

著　者　出川　広

発行人　江草三四朗

発行所　桜山社
　　　　〒４６７－０８０３
　　　　名古屋市瑞穂区中山町５－９－３
　　　　電話　０５２（８５３）５６７８
　　　　ファクシミリ　０５２（８５２）５１０５
　　　　http://www.sakurayamasha.com

印刷・製本　モリモト印刷株式会社

　　　　　　乱丁、落丁本はお取り替えいたします。
　　　　　　©Hiroshi Degawa 2018 Printed in Japan
　　　　　　ISBN978-4-908957-06-2 C0021

桜山社は、
今を自分らしく全力で生きている人の思いを大切にします。
その人の心根や個性があふれんばかりにたっぷりとつまり、
読者の心にぽっとひとすじの灯りがともるような本。
わくわくして笑顔が自然にこぼれるような本。
宝物のように手元に置いて、繰り返し読みたくなる本。
本を愛する人とともに、一冊の本にぎゅっと愛情をこめて、
ひとりひとりに、ていねいに届けていきます。